黑龙江省教育科学规划重点课题“新时代大学生思想政治素质评价机制构建研究”（GJB1320167）
哈尔滨学院青年博士科研启动基金项目“哈军工思想政治工作研究”（HUDF2018106）

哈军工思想政治工作研究

王 莹 著

哈爾濱工程大學出版社
Harbin Engineering University Press

图书在版编目（CIP）数据

哈军工思想政治工作研究／王莹著. —哈尔滨：哈尔滨工程大学出版社，2020. 12

ISBN 978－7－5661－2885－0

Ⅰ. ①哈…　Ⅱ. ①王…　Ⅲ. ①高等学校－思想政治教育－教学研究－中国　Ⅳ. ①G641

中国版本图书馆 CIP 数据核字（2020）第 247430 号

选题策划　王雨石
责任编辑　邹德萍
封面设计　李海波

出版发行　哈尔滨工程大学出版社
社　　址　哈尔滨市南岗区南通大街 145 号
邮政编码　150001
发行电话　0451－82519328
传　　真　0451－82519699
经　　销　新华书店
印　　刷　北京中石油彩色印刷有限责任公司
开　　本　787 mm×1 092 mm　1/16
印　　张　9. 25
字　　数　155 千字
版　　次　2020 年 12 月第 1 版
印　　次　2020 年 12 月第 1 次印刷
定　　价　39. 80 元

http://www. hrbeupress. com

E-mail:heupress@ hrbeu. edu. cn

前　言

理论的研究源于实践的需要。党和国家对高校思想政治工作的新要求、高校面临的思想政治工作新困境和学生群体出现的思想政治教育新问题，对当前高校思想政治工作提出了新挑战。在新的历史时期，高校思想政治工作被赋予了全新的责任，破解思想政治工作困境变得尤为迫切，高校思想政治工作需要在传承与创新中发展前行。

本书以哈军工（中国人民解放军军事工程学院的简称）的思想政治工作为新视角，以增强高校思想政治工作实效性为出发点，以全面提升人才思想政治素质为落脚点，突出强调做好高校思想政治工作必须做到“四个必须”，即必须坚持正确方向、必须坚持科学理念、必须明确目标重点、必须坚持突出实效。首先，高校思想政治工作必须坚持党的正确领导，这是做好高校思想政治工作的根本保证，而加强党的建设是做好高校思想政治工作的重要前提；“加强理想信念教育”既是践行社会主义核心价值观的内在要求和根本途径，又是加强高校意识形态建设的需要，更是培养社会主义属性人才的本质诉求；“抢占意识形态高地”，需要毫不动摇地坚持马克思主义在意识形态工作中的指导地位及牢牢掌握高校意识形态工作的领导权和话语权。其次，高校思想政治工作必须坚持“立德树人”“以人为本”和“全面发展”的科学理念，将立德施教作为提升思想政治素质的必由之路，将德育为先视作思想政治工作的根本旨归，共同促进立德树人这一根本要求的实现；以人为本的理念不仅是提升思想政治工作实效性的关键，也是实现成人成才目标的核心诉求，同时也是创新思想政治工作方法的重要遵循；落实全面发展理念时，应充分发挥德育对智育、体育的促进作用，融合美育的补充作用，促进人才素质的全面升华。再次，高校思想政治工作必须形成高度共识并引起高度重视，这既是优化思想政治工作顶层设计的需要，又是实现思想政治工作精准定位的需要，更是提升思想政治工作实效性的需要；“又红又专”的培养目标体现了高校思想政治工作的应有之义，是促进思想素质与专业素质和谐统一的有效方法，是高校思想政治工作的出发点和落脚点；突出问题意识、坚持问题导向，既是高校思想政治工作的现实需要，也是高校思想政治工作的有力抓手。最后，主渠道、主阵地建设，全过程、全方位育人，发挥榜样示范作用仍然是高校思想政治工作应该采取的有效举措，重点在于能否落实到位。主渠道、主阵地建设是高校思想政治工作的根本依托和强基固本的重要保障，作为重要载体的校园文化阵地应加强建设并发挥其重要作用；全过程、全方位育人是实现高校思想政治工作目标的客观要求，通过全员参与促进高校思想政治工作形成合力，促进知行统一；发挥榜样示范作用是高校思想政治工作取得实效的重要方法，典型选择要多元化，要引入反面典型，增强其警示效果，教师则需要以师德的示范性促进跟随效应的产生。

本书是作者多年来对哈军工思想政治工作研究的成果总结，作者在系统归纳、整理撰写的过程中，参阅了许多专家、学者的著作，并摘引了其中部分论述，同时得到了西南大学马克思主义研究中心博士研究生导师王永友教授的悉心指导和帮助。在此还要感谢哈尔滨工程大学提供的研究平台，感谢哈尔滨工程大学陈坤教授、陈红教授、程早霞教授、刘英杰教授、王国学教授、向冬梅教授、郑淑芬教授、祝福恩教授（按姓氏字母顺序排列），东北林业大学刘经纬教授，哈尔滨理工大学李庆华教授的热情指导，同时向为本书成稿给予支持与帮助的人们表示衷心感谢。

感谢哈尔滨工程大学出版社的张玲社长、邹德萍编辑，以及每一位辛勤付出的工作人员，他们在本书的出版过程中付出了巨大的辛苦，提出了许多宝贵的意见和建议，本书的顺利出版饱含着他们的心血和智慧。

囿于作者的学识和研究水平有限，以及新的研究成果不断涌现，书中难免存在疏漏和不妥之处，敬请广大读者批评指正。

作　者

2020 年 10 月

目　　录

第一章 绪　论

第一节　研究哈军工思想政治工作的动因

理论的研究源于实践的需要，开展思想政治工作研究必然具有深刻的理论意义和重要的现实意义。中国人民解放军军事工程学院（简称“哈军工”）作为新中国历史上第一所综合性高等军事技术院校，创办于特殊的历史时期，13 年主体办学为共和国培养了上百位将军、省部级领导和数十位院士，为国防科技事业做出了不可磨灭的贡献。哈军工的思想政治工作既是党的思想政治工作在哈军工的具体实践，又是党的思想政治工作的重要组成部分。其丰富的思想政治工作经验以及独特的思想政治工作实践应作为我国高等教育领域的重要研究内容加以挖掘和借鉴。因此，研究哈军工思想政治工作，既是对提高高校思想政治工作实效性问题的现实解答，也是丰富思想政治工作研究的客观需要，同时也是提高高等教育人才培养质量的实际需要。哈军工思想政治工作研究对于创新思想政治工作方法、提高思想政治工作实效性、发挥思想政治工作在现代大学建设中的作用具有历史基础与现实意义。

一、研究哈军工思想政治工作的背景

认真落实党中央有关思想政治工作指示精神，提高高校思想政治工作实效性，是支撑哈军工思想政治工作研究的重要动因。2004 年，中共中央、国务院印发《关于进一步加强和改进大学生思想政治教育的意见》中指出：“坚持继承优良传统与改进创新相结合。在继承党的思想政治工作优良传统的基础上，积极探索新形势下大学生思想政治教育的新途径、新办法，努力体现时代性，把握规律性，富于创造性，增强实效性。”深刻阐明了新时期大学生思想政治工作的原则和方法，强调了继承传统与改进创新的重要性，其落脚

点是增强思想政治工作的实效性。2013 年 8 月 19 日，习近平总书记在全国宣传思想工作会议上强调：“在长期实践中，我们党的宣传思想工作积累了十分丰富的经验。这些经验来之不易、弥足珍贵，是做好今后工作的重要遵循，一定要认真总结、长期坚持，并在实践中不断丰富和发展。”习近平总书记指明了党积累的宣传思想工作经验是新时期各项工作的重要遵循，宣传思想工作应坚持继承与发展的思维导向，需要找准工作的切入点与发力点，要做到因势而谋、应势而动、顺势而为。习近平总书记在 2016 年 12 月 7 日至 8 日召开的全国高校思想政治工作会议上强调：“高校思想政治工作关系高校培养什么样的人、如何培养人以及为谁培养人这个根本问题。要坚持把立德树人作为中心环节，把思想政治工作贯穿教育教学全过程，实现全程育人、全方位育人，努力开创我国高等教育事业发展新局面。”习近平总书记指明了新时期高校思想政治工作的重要性，阐明了高校人才培养的新理念、新方法和新途径，为新时期加强高校思想政治工作指明了前进方向。要落实这些指示精神，提高高校思想政治工作实效性，就必须深刻认识思想政治工作传承与创新的重要性，探寻适应今天高校发展的思想政治工作规律。哈军工拥有优良传统，具有辉煌历史，其丰富的思想政治工作经验不应被埋没，而应将其作为我国高等教育领域的重要研究内容加以重视。因此，开展哈军工思想政治工作研究必定是一条重要的途径。

党的十八届三中全会指出：“紧紧围绕建设社会主义核心价值体系、社会主义文化强国深化文化体制改革……推动社会主义文化大发展大繁荣。”社会主义核心价值体系全面反映了社会主义意识形态的本质要求，加强社会主义核心价值体系建设，需要继续坚持马克思主义的指导地位不动摇，需要进一步树立中国特色社会主义共同理想以凝聚全体人民的力量，需要进一步弘扬民族精神以展现爱国主义情怀，需要进一步展现时代精神以增强改革创新的动力，更需要进一步树立和践行社会主义荣辱观，发扬中华民族的传统美德和优秀的革命道德。社会主义核心价值体系是全党全国各族人民团结奋斗的思想道德基础，加强社会主义核心价值体系建设需要通过加强思想政治工作来强化思想意识和更新价值观念。2013 年 12 月 30 日，习近平总书记在中共中央政治局第十二次集体学习时指出：“要坚持走中国特色社会主义文化发展道路，深化文化体制改革，深入开展社会主义核心价值体系学习教育，广泛开展理想信念教育，大力弘扬民族精神和时代精神，推动文化事业全面繁荣、文化产业快速发展。”讲话特别提及了社会主义核心价值体系的学习教育和理想信念教育，而理想信念教育是践行社会主义核心价值体系的重中之重，“理想信念动摇是最危险的动摇，理想信念滑坡是最危险的滑坡”。因此，强化理想信念教育成为思想政治工作的重要内容，在任何时候都不能弱化和松懈。社会主义核心价值体系建设离不开对优秀传统文化的继承与发展，加强社会主义核心价值体系的学习教育，也离不开思想政治工作对加强理想信念教育的引导和保证作用。研究哈军工思想政治工作，一方面可以吸收与借鉴历史名校的思想政治工作经验，为当前高校思想政治工作实效性的提高引入新的思路和理念。另一方面，高校作为文化传承与创新的重要阵地，理应以积极开放的心态参与到社会主义核心价值体系建设中来，挖掘哈军工思想政治工作经验有助于创新当前高校思想政治工作形式，筑牢社会主义核心价值体系的思想道德基础，更好地发挥思想政治工作在培养社会主义合格建设者和可靠接班人中的作用，进而为加强社会主义核心价值体系建设做出贡献。

面对中国高等教育的新形势，国家在2010年适时出台了《国家中长期教育改革和发展规划纲要（2010—2020年)》，其中提出了“高等教育承担着培养高级专门人才、发展科学技术文化、促进社会主义现代化建设的重大任务。提高质量是高等教育发展的核心任务，是建设高等教育强国的基本要求”。科教强国是国家战略，提高高等教育质量是高校永恒不变的主题，人才培养质量是衡量一所高校办学质量的首要标准，既是高校的安身立命之基，同时也是国家和时代赋予高校的崇高使命。“培养什么样的人、如何培养人以及为谁培养人”是需要高校直接面对而不容回避的重大命题，提高中国高等教育质量，就要坚持高等教育的根本方向，即要坚持社会主义办学方向，这是高等教育开展人才培养工作的前提，一刻都不能动摇。提高中国高等教育质量，办中国特色社会主义高校，就要坚持马克思主义理论的学习，坚持培育和弘扬社会主义核心价值观，坚持为人民服务的宗旨，贯彻落实立德树人的根本任务，倡导风清气正的师风、教风、学风和班风。引导学生树立共产主义远大理想，增强为中国特色社会主义共同理想奉献奋斗的信念和信心；引导学生树立正确的世界观、人生观和价值观，正确认识自身的时代责任和历史使命；引导学生将个人理想与国家和人民的事业相融合，努力实现个人价值与社会价值。由此可见，中国高等教育要完成培养“全面发展的社会主义合格建设者和可靠接班人”的使命，一方面要具有向后看的思想与意识，不断挖掘、深刻总结已有的思想政治工作经验；另一方面也要具有向前看的勇气与魄力，不断探索与发展思想政治工作新方式、新方法。向后看是为了更好地向前看，站在中国高等教育的新起点上，用历史的眼光审视与研究哈军工的思想政治工作，不再是当年那一代“哈军工人”的责任，而是所有从事高等教育研究者的使命。哈军工有着 13 年的主体办学实践，在众多党和国家领导人亲切关怀下成长，为共和国培养了上百位将军、省部级领导和数十位院士。虽然办学历史短暂，但其声誉却与清华大学、北京大学齐名，响彻海内外。毋庸置疑，哈军工办学成就斐然，研究其思想政治工作经验不仅仅是传承与发扬“哈军工”精神与文化的需要，也是丰富当前思想政治工作实践、提高思想政治工作实效性的需要；不仅仅是落实立德树人这一根本任务的需要，更是提升人才培养质量、提高中国高等教育质量的需要。

二、研究哈军工思想政治工作的意义

思想政治工作是党的优良传统和政治优势。开展思想政治工作研究对增强思想政治工作实效性至关重要。哈军工作为历史名校，创建于特定的历史时期，总结其思想政治工作经验，挖掘其在高校思想政治工作领域的突出特点，对于提高高校思想政治工作的实效性，发挥高校思想政治工作在现代大学建设中的作用具有历史基础与现实意义。这已成为高校思想政治工作研究者的共识。

本书旨在梳理哈军工思想政治工作背景，分析其工作历程与实践，凝练其特色并探寻其启示，以期对提高高校思想政治工作实效性有所助益。该研究具有如下意义。

1. 理论意义

从理论方面看，研究哈军工思想政治工作，一是有助于推动对历史名校思想政治工作的研究，拓展思想政治工作研究的广度与深度。综观高校思想政治工作研究，现有研究多以当代高等院校为依托，从历史名校这一视角研究思想政治工作还是块洼地。哈军工虽然办学短暂，但培养的优秀人才却不胜枚举。作为那一时期与清华大学、北京大学齐名的大学，哈军工的思想政治工作必然有其过人之处。因此，开展哈军工思想政治工作研究，既可以推动对历史名校思想政治工作的研究，又可以拓展思想政治教育工作研究的广度与深度。二是有助于丰富思想政治工作理论，完善思想政治工作科学理论体系的构建。一方面，在世界经济全球化、社会传媒信息化、利益格局多样化的现代社会，既需要弘扬优良传统，又需要不断探索思想政治工作的规律，使思想政治工作始终保持生机与活力。另一方面，“一个国家要发展符合本国特色、推动本国学科教育的现代化发展，仅仅走‘外源’路径、汲取他国的现代化教育资源和经验是不够的，应该回顾开发自身文化既有的传统资源”①。哈军工作为历史名校，其思想政治工作研究成果对于现代思想政治工作理论体系的构建具有积极的推动作用，其研究方法与路径为思想政治工作在当代的发展提供了内源性支持。

2. 实践意义

从实践方面看，研究哈军工思想政治工作，一是有助于丰富哈军工研究成果，更好地弘扬哈军工的精神和文化。目前国内学者对哈军工的研究多集中于哈军工传统、精神、办学实践、创办背景、历史回忆等，尚未见对哈军工思想政治工作的系统研究。作者虽然针对哈军工思想政治工作进行研究，但哈军工的思想政治工作分布于教学、管理等诸多层面，需要进行系统全面的梳理。这是在已有研究基础上进行深入挖掘、不断丰富的过程。尽管哈军工办学历史短暂，但蕴含的哈军工精神和文化却历久弥新。哈军工在我党我军历史上影响深远，是不可复制的一所大学，其积累的思想政治工作经验，无论对当今大学建设，还是对当今思想政治工作建设，都具有极其重要的实践启示和借鉴意义。二是有助于深刻了解高校思想政治工作的历史进程，为加强和改进高校思想政治工作提供历史借鉴。哈军工自 1953 年创建，至 1966 年退出军队序列，主体办学历时 13 年，高校思想政治工作在此期间既有辉煌

---

① 许瑞芳，高国希. 思想政治教育模式研究的回顾与展望［J］. 思想教育研究，2014（8）：25－32.

发展又有困难挫折。哈军工作为这一特殊时期的产物，又是当时中国高等军事教育的最高学府，极具代表性。研究哈军工的思想政治工作，势必要明晰当时高校思想政治工作的背景与发展进程。在吸收和借鉴已有研究成果的基础上，作者以马克思主义理论为指导，以思想政治工作基本规律为依据，依托大量的史实资料和文献，系统研究哈军工思想政治工作的背景、历程、实践、特色及其现实启示等。这对增强高校思想政治工作实效性、丰富思想政治工作研究内容、创新当代中国社会转型中的思想政治工作具有重要的借鉴和启示意义。

第二节　哈军工及其思想政治工作研究回顾

从国内研究现状来看，作者通过中国知网、万方数字化期刊、中国人民大学复印报刊资料等数据库，并利用百度、谷歌、必应等搜索引擎，搜索“哈军工”“思想政治工作”“哈军工思想政治工作”等关键词，检索到一些相关文献，但是没有系统研究哈军工思想政治工作的专门著作。有关哈军工思想政治工作的研究成果大多散见于各种著作和文献中。哈军工作为历史名校，因其特殊性，作者将国内外研究现状梳理成哈军工研究现状和思想政治工作研究现状两个部分。

一、哈军工研究回顾

在我国高等教育领域，对哈军工的研究始于20世纪90年代初，尚处于探索阶段。现有研究基本以史实描述和经验总结为主，成果也多为办学经验或办学成就的总结。研究内容或为哈军工办学模式、或为哈军工办学思想、或为哈军工精神等，研究主体也多为“哈军工人”，包括哈军工的教师、干部、学员和现在“军工六校”人员。这些研究呈现出单一视角、分散性等特征，虽有探讨，但不够充分和彻底，缺少系统化、全面性的研究。

截至目前，以“哈军工”为主题词在中国知网检索，可获得相关文献450余篇。在20余年时间里，探讨哈军工的理论文献虽然不多，但每年都有涌现。作者在梳理大量文献后得知，1991年，言石在《国际人才交流》发表的《以诚相待爱惜人才——陈赓大将二三事》是最早研究哈军工的文献。作者以哈军工创办者陈赓为切入点，描述其在建院初期和后期，对待哈军工知识分子的态度、政策等方面的事迹。① 文中仅罗列了陈赓在哈军工工作与生活的相关史实，并未进行深入探讨。至2003年，文献数量攀升至最高峰，研究论文近60篇，在北京还专门成立了哈军工精神研究会。作者认为其主要源于两个重要事件，即陈赓诞辰100周年和哈军工创建50周年。在10年后的2013年，哈军工创建60周年暨陈赓诞辰110周年，成果也十分丰硕，文献数量达到40余篇。同时，也涌现出一批研究哈军工的著作，如滕叙兖的《陈赓大将与哈军工》、吴新明的《军中名校哈军工》、王克曼与徐南铁的《百家访谈哈军工》、王春晖的《走进哈军工纪念馆 走近哈军工》等。这些文献以及专著均从多视角出发，在已有研究基础上重新解读哈军工，提出了许多新观点，丰富了哈军工的研究内涵。

作者认为国内关于哈军工的研究，主要集中在以下六个方面。

1．哈军工创建的历史背景与动因研究

研究哈军工首先应该明晰哈军工创建的背景和动因。关于哈军工创建的背景，诸多学者均从国际和国内两个方面进行阐述。张博文认为，哈军工创办的历史背景主要包括国际和国内两大背景。国际背景体现在抗美援朝战争的爆发、《中苏友好同盟国互助条约》的签订，以及社会主义和帝国主义两个阵营的对立等多个方面。国内背景体现在国内经济开始好转、社会相对稳定、国防和军队现代化建设急需军事工程技术人才等。对于哈军工创建的动因，张新科认为，直接动因是朝鲜战争的爆发，中国人民志愿军抗美援朝，但敌我力量悬殊，我军各兵种急需维护和使用技术人员。目标动因是创建高等工程和技术教育与军事教育相结合的大学，从技术和人才上保证“强兵—固国—富国”之路的畅通。②

学者们在阐述哈军工创建背景时，基本是从国际和国内两大背景入手。他们认为哈军工创建动因是为抗美援朝和国防现代化建设培养军事工程技术

---

① 言石．以诚相待爱惜人才：陈赓大将二三事［J］．国际人才交流，1991（5）：18－19.

② 张新科．世界近代史上高等工程教育与军事教育完美结合的典范：“哈军工”创建动因、办学与内部管理模式的分析研究［J］．南京理工大学学报（社会科学版），2003（4）：19－25.

人才。无论是国际背景还是国内背景，均会影响哈军工的方方面面，作者的研究也将以上述研究成果为依据，为研究哈军工思想政治工作背景提供史实支撑。

2. 哈军工传统与哈军工精神研究

国防科技大学是“军工六校”之一，专门成立了“哈军工”优良传统研究课题组，对哈军工传统加以凝练总结。课题组将哈军工的优良传统凝练为16个字，即服务人民、艰苦创业、尊师重教、合力育人。① 这16个字内容极为丰富，基本涵盖了哈军工的所有传统。课题组认为，哈军工优良传统的形成主要是基于几个方面：在13年的主体办学实践过程中，哈军工院领导及全体师生员工认真贯彻落实毛泽东同志的《训词》精神，倡导合力育人；哈军工创办于特定的历史条件和环境；陈赓等学院领导高尚的人格品质和良好的思想作风及工作作风等。2003年，哈军工的校友们成立了哈军工精神研究会，“哈军工人”用自己的亲身经历与感受，凝练总结哈军工精神。滕叙兖认为，哈军工精神是“哈军工人”这个特殊群体长期形成的，并由信念、理想、情操、意志、作风等凝聚的特定品格和综合素质的总称。其内容包括：终生不渝的报国精神、自强不息的拼搏精神、志存高远的奉献精神、科学严谨的求实精神、敢为人先的创新精神。② 而米立根则认为，哈军工精神体现在团结协作、集体攻关的团队精神，顾全大局、遵守纪律的自律精神，无私奉献、甘当无名英雄的奉献精神，开拓创新、顽强攀登科学高峰的科学精神，艰苦奋斗、勇于克服困难的奋斗精神等五个方面。③ 谢璐妍等认为，哈军工精神是全体哈军工人在办学实践和革命实践过程中展现出来的各种优秀品质的总和，蕴含了奋斗精神、创新精神、忠诚品质、奉献精神等。④ 总之，关于哈军工的研究最多的就是哈军工的传统与精神，这也是今后的研究重点。但提炼凝结是一方面，如何更好地弘扬与传承哈军工的优良传统和精神，才是今后研究

① “哈军工”优良传统研究课题组．“哈军工”优良传统研究［J］．高等教育研究学报，2011，34（1）：8－11．

② 腾叙兖．哈军工传：下卷［M］．长沙：湖南科学技术出版社，2006：1359，1361．

③ 米立根．陈赓院长与“哈军工精神”：纪念陈赓诞辰100周年及哈军工创建50周年［J］．军事历史研究，2003（4）：68－72．

④ 谢璐妍，窦隽勇．论“哈军工精神”的基本内涵及其现实意义［J］．黑龙江高教研究，2015（5）：114－117．

的重中之重。

3. 哈军工办学理念与办学模式研究

哈军工在13年主体办学过程中取得了辉煌的成就，其办学理念与办学模式也成为当今的研究重点。杨威等认为，哈军工精神是哈军工办学思想的重要体现，在其指导下的办学理念与办学作风对于现代高校办学、治学具有一定的借鉴意义，并在此基础上提出将哈军工精神引入现代高等院校办学实践中来。① 何立波等认为，哈军工教学管理模式是哈军工成功办学的重要原因之一，其模式构成主要体现在严谨的正规化教学体系和高素质的教师队伍。② 可见，哈军工能够培养出诸多精英人才，其培养模式是不可忽视的一个重要因素。但已有研究成果对其人才培养模式未有更为深入的研究。作者认为，系统地梳理哈军工人才培养过程，总结哈军工人才培养模式是今后研究的重要方向。

4. 哈军工办学历史回忆和纪念性研究

在该类研究中，学术界多以回忆录或纪念性文章的形式追忆“哈军工人”（老干部、老教师、个别学员等）的事迹。从“哈军工人”亲身经历的视角，侧面反映哈军工的办学历史与成长。如赵阳辉对第二任院长刘居英将军的访谈③；程传德对政治部主任张衍将军的追思④；郭德逊等作为哈军工学员对母校的回忆以及对哈军工老教授们的回忆等⑤⑥。此类研究借助“哈军工人”之口来还原当年的历史，基本为史实的陈述，鲜有辩证分析。这也是今后研究的一个可行性视角，研究者不妨做更深入的研究与探讨。

5. 陈赓对哈军工办学的影响研究

陈赓大将作为哈军工的首任院长兼政委，对哈军工的创办做出了可歌可

---

① 杨威，陈晨. 哈军工办学理念及其对当代高校办学的借鉴意义［J］. 黑龙江高教研究，2014（9）：93－96.

② 何立波，曹雪立. “哈军工”高等教育办学模式成功经验探析［J］. 长春理工大学学报，2012，7（9）：7－8，28.

③ 赵阳辉. 1953—1966年的哈尔滨军事工程学院：刘居英院长访谈录［J］. 中国科技史料，2003（4）：320－331.

④ 程传德. 追忆张衍将军［J］. 纵横，2008（10）：58－61.

⑤ 郭德逊. 我在哈军工求学的日子［J］. 党史博览，2010（9）：41－45.

⑥ 邹逢兴. 扬“哈军工”传统 创“国防科大”名牌：“哈军工”建校50周年有感［J］. 高等教育研究学报，2003（3）：84，87－91.

泣的贡献。其军事思想、教育思想对哈军工的影响极为深远，对当今的军事教育、高等教育也极具借鉴意义。众多研究者凝练总结了陈赓在创办哈军工时的教育思想，并归纳为"两老（老教授、老干部）办院"；尊重知识分子，尊师重教；以学生为本；以教学为主，教学、科研两手抓；"端盘子"理论；"三风（校风、教风、学风）建设与教育"等。①② 陈赓自1952年开始创办哈军工，到1961年去世，其教育思想和教育理念在哈军工这片土地上开花结果，至今影响深远。陈赓的教育思想是哈军工思想政治工作的一个方向标，学者们虽然对其教育思想进行了大量的总结与归纳，但却未对其思想政治工作理念、目标、内容、方法、途径等进行更加深入的提纯萃取。作者将对此提出自己的观点。

6. 哈军工办学实践与办学成就研究

孔诤等认为，哈军工作为新中国历史上第一所综合性高等军事技术院校，10余年的办学实践孕育形成了众多的优良传统和宝贵经验，即将坚定正确的政治方向放在办学治校和人才培养的首位，培养"忠于党、忠于祖国、献身国防科技事业"的合格人才；从着眼国家安全和战略利益全局角度，开展科学研究和人才培养；倡导科学求真、严谨治学，建设良好的校风、教风以及学风；把握高等教育发展趋势，提倡科技创新；坚持以党的事业为重，始终把国家和人民的利益摆在第一位；坚持开放办学，广纳贤才。③ 此类研究多为史实陈述，缺少与当代大学的实践比较，更大程度上突出的是哈军工办学成就的宣扬。

源于哈军工的特殊性，在查阅国外有关哈军工研究的文献资料时，输入哈军工英文名称"Military Project Institute of Harbin"或"PLA Military Engineering Institute"后，没有显示出与哈军工直接相关或间接相关的文献记录。

二、思想政治工作研究回顾

国内学者关于思想政治工作的研究，主要集中在五个方面：一是党的思

---

① 滕叙兖. 论"将军教育家"陈赓同志的教育思想：纪念陈庚大将百年诞辰［J］. 高等教育研究学报，2003（2）：94－98.

② 阳仁宇，王宗飞. 陈赓办学思想研究［J］. 高等教育研究学报，2003（1）：92－95.

③ 孔诤，高跃群. "哈军工"的办学治校特色及经验［J］. 军事历史，2013（2）：28－32.

想政治工作研究；二是高校思想政治工作研究；三是思想政治工作方法研究；四是思想政治工作机制研究；五是思想政治工作载体研究。

1．党的思想政治工作研究

欧阳恩良认为，中国共产党在新中国成立初期的思想政治工作卓有成效的原因主要是通过开展新的“思想领域的解放战争”，对全党、全民进行广泛而深入的马克思主义理论宣传与教育；加强党的执政能力建设，实现党风、政风以及民风的良性互动；确立“不要四面出击”的思想政治工作基本方针；分析思想政治工作对象的特点，强调执行过程中要讲究灵活性，等等。① 丁妙珍认为，高度重视思想政治工作既是我们党的优良传统，又是中国特色社会主义的一大优势。系统梳理中国共产党思想政治工作 90 多年来的发展历程，获得如下启示：必须将思想政治工作放在党的建设的首位、必须坚持用中国特色社会主义理论体系武装全党、必须加强和改进青年学生思想政治教育。② 黄爱英认为，井冈山时期党的思想政治工作的制度创新是井冈山时期党的思想政治工作极富成效的根本原因。实行党委集体领导制度、确立“支部建在连上”、创立党代表制度、设立士兵委员会制度、建立宣传兵制度以及厉行“三大纪律、六项注意”是井冈山时期党的思想政治工作制度创新主要表现。③ 沈壮海等认为，系统梳理六十年来中国共产党关于思想政治工作地位与作用的理论发展进程，准确把握其科学内涵与精神实质，推动思想政治工作的科学发展，具有重要的理论价值和现实意义。④ 上述研究成果主要针对不同时期党的思想政治工作进行了特定研究，基本为系统梳理、总结经验、阐述启示，为今天的思想政治工作提供借鉴。同时，也为研究哈军工思想政治工作提供了相关史实支撑。

2．高校思想政治工作研究

相对于其他思想政治工作研究，高校思想政治工作研究成果最为丰硕。

---

① 欧阳恩良．新中国成立初期党的思想政治工作及其历史启示［J］．马克思主义研究，2010（3）：136－144.

② 丁妙珍．中国共产党思想政治工作的发展历程及启示［J］．思想理论教育导刊，2012（2）：83－88.

③ 黄爱英．井冈山时期党的思想政治工作制度创新［J］．思想理论教育导刊，2014（10）：113－117.

④ 沈壮海，刘玉标．六十年来中国共产党关于思想政治工作地位与作用的理论发展［J］．思想教育研究，2009（10）：15－19.

作者将从大学生的思想政治工作研究、高校教师的思想政治工作研究、高校思想政治工作创新研究以及高校思想政治工作其他研究四个方面阐述与分析。

大学生的思想政治工作研究。吴智军认为，自媒体因其具有强大的融合功能和碎片化表达等特点，推动着大学生思想多样性、开放性以及多变性发展。大学生思想政治工作应充分发挥自媒体的正面作用，不断完善其工作方式，积极回应大学生的各种诉求，强化各部门之间的合作，提升大学生事务管理水平，营造良好的校园舆论秩序，重视综合能力的培养等，抢占大学生思想政治工作网络话语权高地，提升网络思想政治教育的实效性。① 王建富指出，学生参与思想政治工作既是创新思想政治工作的必然选择，又是新形势下思想政治工作发展的要求。大学生积极主动地参与学校思想政治工作决策和政策的制定、参与各种思想政治工作活动、参与到和学生切身利益有关的各项事务中等方式可以提高大学生思想政治工作的实效性。② 李定庆认为，“势”作为中国哲学的重要概念和中国传统战略思想的核心概念之一，研究它并将其理论运用到大学生思想政治工作中，把握好当前大学生思想政治工作的新态势，做好乘“势”和造“势”工作。③ 卢瑞瑞指出，当前现实生活中，存在着大学生思想政治工作“落虚”的现象。通过实现大学生思想政治工作的对象、内容和方法由“虚”到“实”的嬗变，创新当前大学生思想政治工作，发挥大学生思想政治工作的实效。④ 针对大学生的思想政治工作研究是目前高校思想政治工作研究的重要课题。不可否认，创新大学生思想政治工作，提高大学生思想政治工作实效性，需要从多方面、多角度进行创新，但创新的同时，也需回顾历史、借鉴传统，以便于更好地创新。以上研究成果对进一步创新大学生思想政治工作和提高高校思想政治工作实效性具有一定的借鉴与启示意义。

高校教师的思想政治工作研究。由文献检索可知，目前高校教师的思想

① 吴智军. 自媒体时代大学生思想政治工作探析［J］. 思想理论教育导刊，2014（2）：129－131.

② 王建富. 大学生思想政治工作中的“学生参与”［J］. 教育评论，2013（5）：99－101.

③ 李定庆. 运“势”于大学生思想政治工作［J］. 教育评论，2014（12）：107－109.

④ 卢瑞瑞. 大学生思想政治工作创新研究［J］. 山西财经大学学报，2011，33（S2）：205，212.

政治工作研究主要是针对做好高校青年教师的思想政治工作而开展的研究。孙其昂指出，高校青年教师的思想政治工作可以通过现实层面和操作层面来加强。领导者、导师和团队的核心人物是做好高校青年教师思想政治工作的中心纽带；为高校青年教师营造良好的工作、学习和学术环境，让他们可以专心从事教学和科研。① 高地等认为，高校青年教师思想政治工作科学化的瓶颈问题存在以下几个方面：工作环境条件的变化与理论研究不同步、实际需要和问题的快速增长与思想政治理论学习不协调、政策倾斜力度的不断增大与支持系统的不完备，等等。破解以上问题可以考虑将顶层设计与具体实施、解决思想问题与解决实际问题、实践创新与理论发展三个方面有机结合。② 邸燕茹认为，高校青年教师作为高等教育事业发展的主力军，其队伍建设关系到高校的人才培养。他们的思想政治工作需要多部门通力合作才能完成。当前高校需要从青年教师的思想政治、道德修养、社会实践、业务能力等几个方面入手，努力把他们的思想政治工作落到实处。③ 可见，高校思想政治工作不仅需要做好大学生的思想政治工作，更加需要做好教师的思想政治工作，尤其是青年教师的思想政治工作。以上学者从不同的研究视角提出了推进高校青年教师思想政治工作的方法、路径等。

高校思想政治工作创新研究。谢继华等认为，高校思想政治工作创新需要借助大数据的运用，以便于更好地实现高校思想政治工作的资源整合、增强高校思想政治工作技术优势及加强高校思想政治工作时效性。通过对现有大数据的运用分析，从以下三个层面，即树立大数据理念、丰富工作方法和创新管理机制，进一步推进高校思想政治工作。④ 王珩指出，高校思想政治教育智库作为中国特色新型智库的重要组成部分，加强其建设可以促进高校思

① 孙其昂. 现代性视域中的高校青年教师思想政治工作［J］. 思想理论教育，2013（17）：26－31.

② 高地，杨晓慧. 高校青年教师思想政治工作科学化的瓶颈问题及应对策略［J］. 思想理论教育，2013（17）：21－25.

③ 邸燕茹. 高校推进青年教师思想政治工作的策略思考［J］. 思想理论教育导刊，2013（4）：129－131.

④ 谢继华，法鸿洁，黄飞凯. 运用大数据创新高校思想政治工作初探［J］. 思想理论教育导刊，2015（7）：137－140.

想政治工作诸多方面的创新，如理念创新、方法创新，等等。① 田猛等认为，近几年，高校思想政治工作成果丰硕。高校思想政治工作者应将心理疏导作为一门艺术，运用到思想政治工作实践中来，促进高校思想政治工作实效性的提升。② 可见，高校思想政治工作创新需借助更多的平台，融入更多的理念与方法。唯有如此，方能更好地促进高校思想政治工作实效性的提升。

高校思想政治工作其他研究。张小琏等认为，人文关怀是提高思想政治工作实效性的必然要求，而人文关怀视野下的高校思想政治工作需要从以下三个方面审视和反思：一是思想政治注重人文关怀的理论基础；二是当前高校人文关怀缺失的现实表现；三是高校思想政治教育融入人文关怀的实现路径。③ 彭庆红指出，促进大学生全面发展，培养其成为社会主义现代化建设所需要的人才是高校学生思想政治工作队伍的最高价值与使命，它作为专门从事德育工作的组织，旨在促进大学生的思想道德、政治素质的提高以及身心健康的发展。④ 以上学者从高校思想政治工作的其他维度对其进行了深入的研究。作者认为，多角度、多层面，是当今高校思想政治工作研究的重点和难点。

3. 思想政治工作方法研究

赵占信认为，在思想政治教育工作中，通过融入社会工作的价值理念和引入社区工作、个案工作、团体工作等社会工作方法，实现思想政治工作的创新。⑤ 王志明指出，新时期，伴随经济全球化、政治民主化、文化多元化和社会信息化，以人为本的服务性趋势、综合立体的渗透性趋势、重视利益的引导性趋势及民主多元的互动性趋势成为思想政治工作创新的四种趋势。⑥ 郁时全认为，思想政治工作方法创新必须坚持三个原则，即理论与实践统一的

---

① 王珩. 智库建设：高校思想政治工作创新的有效路径［J］. 思想理论教育导刊，2016（3）：150－153.

② 田猛，黄彦军. 高校思想政治工作要注重心理疏导［J］. 思想理论教育导刊，2012（7）：103－105.

③ 张小琏，刘思林. 人文关怀视野下的高校思想政治工作［J］. 思想教育研究，2013（4）：93－96.

④ 彭庆红. 论高校学生思想政治工作队伍的组织价值与性质［J］. 思想教育研究，2011（8）：16－20.

⑤ 赵占信. 社会工作方法与思想政治工作的创新［J］. 河北学刊，2007（2）：71－73.

⑥ 王志明. 新时期思想政治工作方法的创新趋势［J］. 山西财经大学学报，2011，33（S4）：198.

原则、内容与形式统一的原则、继承与创新统一的原则。实现思想政治工作方法的创新，必须实现从注重教育型转变到教育与管理相结合、从注重灌输型转变到灌输与疏导相结合、从注重解决思想问题转变到解决思想问题与实际问题相结合、从注重教育者作用转变到充分发挥教育者的主导作用和受教育者的主体自我教育作用相结合等四个转变。① 以上学者从思想政治工作方法层面对思想政治工作进行了研究。尽管不是针对高校的思想政治工作，却可以为高校思想政治工作方法的创新提供借鉴。

4. 思想政治工作机制研究

姚雪瑞指出，思想政治工作机制创新是国内当前重大课题的现实选择，其创新体现在以下几个方面：确立以人为本的根本原则；进一步形成思想政治工作的合力；注重思想政治工作的经济价值；更加注重全员育人；建立整合机制；建立思想政治工作的评估机制；等等。② 吴东莞认为，思想政治工作机制是思想政治工作各要素的结构及其运行机制，包括内部机制和外部机制两个基本方面。主体要求与客体现状的矛盾、工作目的与方法手段的关联、工作内容与工作形式的匹配、内部要素与外部条件的统一及实践经验与科学理论的结合是思想政治工作机制的构建依据。③ 以上学者从思想政治工作机制角度，提出了思想政治工作机制的创新问题、构建问题等，其成果对于提高高校思想政治工作的实效性有着重要的启示与借鉴意义。

5. 思想政治工作载体研究

毕德指出，思想政治工作载体创新需要对传统载体加以改进和提升，并不断发现和运用新型载体，二者结合，共同组成覆盖全社会的思想政治工作载体系统。目前思想政治工作载体创新的重大课题主要包括：提升和优化传统载体，开发和利用新型载体，以及寓思想政治工作于新闻、网络与环境等之中。④ 陈成文等认为，充分发挥思想政治工作载体的承载和传递功能，有助于增强社会主义核心价值体系引领力和凝聚力。提升主体载体的内化力、提

---

① 郁时全. 论思想政治工作方法的创新 [J]. 社会主义研究，2001 (4)：49-50，70.

② 姚雪瑞. 思想政治工作机制创新研究 [J]. 前沿，2011 (7)：50-52.

③ 吴东莞. 深化对思想政治工作机制的基本认知 [J]. 南京政治学院学报，2009，25 (6)：106-108.

④ 毕德. 新时期思想政治工作载体创新的几点思考 [J]. 理论月刊，2009 (7)：172-175.

升媒介载体的引导力、增强文化载体的渗透力、增强活动载体的吸引力是探索适应社会主义核心价值体系要求的思想政治工作载体建设路径。① 可见，伴随载体重要性的凸显以及载体形式的不断丰富，作者认为，关于思想政治工作载体的研究是未来思想政治工作研究的热门趋势之一。

国外直接研究思想政治工作的成果较少，间接研究成果相对丰富。尽管国外没有“思想政治工作”这个名称，但并不意味着国外没有思想政治工作。实际上，所有国家的思想工作都带有强烈的政治色彩，只不过隐蔽程度不同。国外的思想政治工作可以说是“无名有实”，它常常以道德教育、公民教育、历史教育、宗教教育、素质教育等名义进行大量的实质性的思想政治工作，旨在维护统治阶级地位。但是，因为政治体制、经济制度、文化制度不同，所以采取的工作方式方法也存在差异。

在查阅国外有关思想政治工作研究的文献资料时，输入关键词“ideological and political work”后，没有显示出与思想政治工作直接相关的文献记录，更没有对哈军工思想政治工作进行研究的文献记录。由于没有直接检索到国外关于思想政治工作研究的文献资料，作者以“moral education”“citizenship education”“education pattern”等为关键词，扩大了文献检索的范围，发现国外关于道德教育理论、公民宗教教育的改革与发展等的研究成果中有许多相关论述。

C. Fernández 等指出，公民教育有时候会被正式地认为是个人主体教育，但很明显它是主要课程的重要组成部分，如历史课、社会科学课、世界宗教课等。教育的方式之一就是以一个国家的政治制度或民族事实作为客观教学内容②。D. A. Downs 指出，在美国，公民教育和知识的日渐衰落已成为美国政界公认的几个主要问题之一。近年来，许多调查研究均暴露出公民的国家基本知识的缺乏，如美国的国家宪法体系等，主张让公民多参与各个领域（政治、经济、文化等）的活动，在公民参与过程中，实现对公民的思想政治

① 陈成文，孙树文. 论构建社会主义核心价值体系中思想政治工作的载体建设［J］. 思想教育研究，2010（6）：15－19.

② FERNÁNDEZ C，SUNDSTRÖM M. Citizenship Education and Liberalism：A State of the Debate Analysis 1990 - 2010［J］. Studies in Philosophy and Education，2011，30（4）：363－384.

教育。① 以上研究成果表明，国外的思想政治工作更多地体现在公民教育之中，让公民广泛参与其中，通过各种方式、手段实现对公民的思想教育和政治教育。

国外关于思想政治工作的理论主要体现在西方道德教育理论上，其理论产生可以追溯到古希腊和古罗马时期。在柏拉图、亚里士多德、苏格拉底等的著述中均包含一些道德教育方面的观点和主张。但是，由于历史久远，他们的许多见解已被人们遗忘，在当代西方道德教育理论研究中只能偶尔见到人们只言片语地谈到他们。可以说，古希腊和古罗马时期的道德教育理论并没有对当代西方道德教育理论产生重大影响。直到资产阶级革命后，西方教育史上涌现出众多潜心探讨道德教育的专家、学者。如英国哲学家洛克（1632—1704）、法国教育学家卢梭（1712—1778）、德国哲学家康德（1724—1804）、瑞士教育家裴斯泰洛齐（1746—1827）、英国哲学家边沁（1748—1832）、英国哲学家斯宾塞（1820—1903）等。20 世纪以来，法国社会学家、教育家涂尔干（1858—1917）、美国实用主义教育家杜威（1859—1952）等人的理论对当代西方道德教育理论产生了深刻的影响。一般认为，在众多的理论学说中对当代西方社会人际关系以及道德教育理论影响较大的，主要有卢梭的道德教育理论，康德的道德教育理论，斯宾塞的道德教育理论，边沁等人的功利主义道德论，涂尔干的社会道德教育论及杜威的实用主义道德教育论。总之，这些西方学者的道德教育理论对国外的思想政治工作有着极其重要的影响，无论是在原则、目标、内容、方法，还是途径等方面，均起到了奠定基础和提供启示的作用。

道德教育是国外思想政治工作的主要表现形式。因此，国外的思想政治工作模式多以道德教育模式出现。道德教育模式关系人们对政治思想、价值观念等的理解与认同和对当下国家制度的认可与维护，因此各国都十分注重探索适合本国实际的教育模式，以提升思想教育工作的效果。凯洛夫将德育方法概括为说服、练习、儿童的集体组织、奖励和惩罚等几种，通过形成学

① DOWNS D A. Civic Education versus Civic Engagement [J]. Academic Questions, 2012, 25: 343-347.

生道德品质、性格特征和行为习惯的基本活动等实现德育教育。① 巴班斯基在研究苏联诸多学者分类方法的基础上，依据一定教育活动形态，将德育教育的方法总结为作用于人的意识、情感和意志的方法，组织活动和形成社会行为经验的方法，以及执行调整、纠正和鼓励人行为与活动的方法。② 而理查德·哈什等则将道德教育模式界定为“思考教育背景下关心、判断、行动过程的方式，强调一种模式包括一种人在道德上如何发展的理论或观点，以及一套促进道德发展的策略或原则”③。目前，国外比较有代表性的德育模式主要包括：道德认知发展模式，代表人物是美国道德心理学家科尔伯格等；价值澄清模式，代表人物是美国的拉斯、哈明、西蒙等；社会学习德育模式，代表人物是美国的班杜拉、米切尔等；人本主义德育模式，代表人物是心理学家罗杰斯、马斯洛等；体谅德育模式，代表人物是英国的麦克菲尔等。④ 以上学者所提出的道德教育模式，为各国开展思想政治教育工作提供了理念、内容、原则、方法、途径等方面的借鉴，促进了思想政治工作效果和思想政治教育效果的提升。

三、哈军工及思想政治工作研究现状分析

1. 哈军工研究现状

目前，哈军工的相关研究成果丰硕。从哈军工的相关研究来看，在以往的研究中，学者们更多的是侧重某个角度的具体问题具体分析，主要研究对象为哈军工创建的历史背景和动因，哈军工的传统、精神、办学思想、办学模式、办学实践、办学成就、办学历史回忆、纪念性研究，以及陈赓对哈军工办学的影响和哈军工干部子弟等诸多方面。深入挖掘哈军工的各个层面，陈述史实，提炼观点，丰富了哈军工的研究内容，进一步促进了哈军工研究的系统化和科学化，为现代人更清晰地了解哈军工、走进哈军工提供帮助。

---

① 凯洛夫. 教育学［M］. 陈侠，等译. 北京：人民教育出版社，1957：244.

② 巴班斯基. 教育学［M］. 李子卓，等译. 北京：人民教育出版社，1986：374.

③ 理查德·哈什，约翰·米勒，格林·菲尔丁. 道德教育模式［M］. 傅维利，等译. 北京：学术期刊出版社，1989：166－207.

④ 杜爱森. 关于德育模式的理论探讨［J］. 理论探索，1996（2）：53－55.

同时，也为本书的研究提供了大量的史实依据，有助于研究思路的拓宽和深入。但与此同时，这些方面的研究也存在一些问题，譬如多史实性陈述总结，少有观点提炼升华；重复性研究多见，少有新的研究视角，创新之处略显不足。本书将从一个全新的视角，对哈军工的思想政治工作进行一个较为系统的梳理与总结，分析哈军工思想政治工作的历史背景、发展历程、内容体系、典型特征和时代价值等，希冀对当今高校思想政治工作的研究提供有益帮助。

2. 思想政治工作研究现状

目前，关于思想政治工作的相关研究取得了丰硕的成果。学者们分别从党的思想政治工作研究、大学生的思想政治工作研究、高校教师的思想政治工作研究、高校思想政治工作创新研究、思想政治工作方法研究、思想政治工作机制研究及思想政治工作载体研究等诸多层面进行了深入的研究，或理论升华、或经验总结、或探索创新，他们的研究进一步促进了思想政治工作研究的规范化、系统化和科学化，丰富了思想政治工作研究的内容，为本书研究提供了大量的依据和帮助。但是，现有研究没有从历史院校这一特殊视角去研究思想政治工作的理论与实践问题。面向历史院校这一特殊领域，其思想政治工作与当今高校的思想政治工作有何区别？哈军工的思想政治工作是在什么样的背景下开展的？又是如何发展的？它的具体实践又有哪些？又是如何发挥作用的？其思想政治工作有什么样的特色、体现出什么样的价值？对于上述问题，现有研究还没有一一做出回答。因此，本书选取哈军工思想政治工作作为研究对象，对哈军工思想政治工作的背景问题、哈军工思想政治工作的历程问题、哈军工思想政治工作的实践问题、哈军工思想政治工作的特色问题、哈军工思想政治工作的价值问题等展开具体研究。

国外的思想政治工作虽然名称有异，但其中心是政治教育，具有强烈的阶级性和政治功能。而且大多注重密切联系社会实际，根据国家的政治、经济、文化条件的变化，不断调整思想政治工作的内容、方式、途径等，以满足统治阶级的需要。因此，国外学者们长期以来一直十分关注思想政治工作理论与实践的研究，并且研究成果丰硕，此点同中国的思想政治工作研究有共同之处。但是，如何更好地提高思想政治工作的实效性，是所有学者共同关注的一个问题。国外研究成果为国内思想政治工作研究提供了大量的启示与借鉴。但因种族环境、政治体制和文化背景的不同，无论是理论还是实践，都需要根据自身的特点，取其精华，去其糟粕，不能刻意模仿、照抄照搬。

第三节　哈军工思想政治工作研究内容及创新

以马克思列宁主义、毛泽东思想、邓小平理论、“三个代表”重要思想、科学发展观和习近平总书记系列重要讲话精神为指导，走出以往思想政治工作以现代普通高校研究为主的局限，从历史名校视角，运用历史文献分析的研究方法，通过广泛收集、系统梳理和理性解读哈军工思想政治工作方面的史实资料，从背景、历程、实践、特色和启示五个方面对哈军工思想政治工作进行了系统而深入的研究，以求取得这方面的显著性成果，弥补国内学术界在这一方面研究的不足，以期为创新今天的思想政治工作、探索思想政治工作的规律、丰富思想政治工作的内容和方法、拓展思想政治工作路径及提高思想政治工作实效性提供借鉴。

一、研究内容与方法

第一章（绪论）以提高高校思想政治工作的实效性、加强社会主义核心价值体系建设和提高中国高等教育质量为切入点，阐述了研究哈军工思想政治工作的重要性，其目的是从历史名校视角，研究思想政治工作的价值，得出其理论意义、实践意义和现实意义。在分析国内外关于哈军工和思想政治工作研究现状的基础上，搭建了整体研究框架，采用了系统分析、文献研究、调查研究，给当前高校思想政治工作以方向、理念、重点及实效四个方面的重要启示。

第二章（哈军工思想政治工作背景）从哈军工思想政治工作的理论基础和历史背景两个方面，指明马克思恩格斯、毛泽东的思想政治工作理论，以及党和国家的思想政治工作方针政策是其理论基础，而当时国内的经济、政治形势及国际政治形势对哈军工思想政治工作产生了较大的影响。

第三章（哈军工思想政治工作历程）概括地将初步发展、快速发展和砥砺前行作为哈军工思想政治工作发展历程的三个阶段，指明哈军工思想政治工作以陈赓的教育思想为方向指引，以党的知识分子教育经验为实践基础，而陈赓的工作实践是关键因素，专门的思想政治工作机构提供了保障条件，使哈军工的思想政治工作逐步发展和完善。

第四章（哈军工思想政治工作实践）重点研究哈军工思想政治工作对象、目标、内容、方法和途径几个方面的具体形式。对象上划分为学员群体、教师群体和其他群体；目标上强调政治素养、思想素养、道德素养和军事素养的培养；内容上以马克思列宁主义、毛泽东思想为核心，以为人民服务为宗旨，突出忠诚奉献的精神；方法上坚持灌输教育与渗透教育、层次性教育与阶段性教育、典型对比教育与舆论宣传教育的相互统一；途径上注重学校教育与典型家庭教育、野营教育与部队教育、课堂教育与实践教育的有机结合。由此促进了哈军工思想政治工作的开展以及实效性的提升。

第五章（哈军工思想政治工作特色）重点提炼归纳了哈军工思想政治工作实践中所形成的思想政治工作特色：思想政治工作内容注重德智体军全面融合；思想政治工作方法强调有的放矢、严格养成；思想政治工作途径强调四位一体、协同育人。由哈军工思想政治工作实践及其特色，发现其思想政治工作的闪光点，为研究其思想政治工作启示提供了基础。

第六章（哈军工思想政治工作启示）重点研究哈军工思想政治工作所体现的方向、理念、重点及实效。特殊时期、特殊背景下的哈军工思想政治工作实践彰显出：高校思想政治工作必须坚持正确方向、必须坚持科学理念、必须明确目标重点、必须坚持突出实效。

基于以上研究思路，为了达到研究目的，主要采取以下具体研究方法：

（1）系统分析法。将哈军工思想政治工作视为一个完整的体系，从哈军工思想政治工作的背景、发展历程、内容体系、基本特征和当代启示多个角度对哈军工思想政治工作进行了系统而深入的研究。

（2）文献研究法。研究哈军工思想政治工作，要对已有的研究成果进行收集、梳理、取舍、归纳，并在相关理论基础上进行总结。采用的文献资料主要包括哈军工史料、国内外关于哈军工和思想政治工作的研究文献、著作和报纸等。

（3）调查研究法。为了使研究拥有准确的、翔实的第一手资料，研究结果更能反映历史原貌，研究结论更加真实可信，而采取实地调查研究的方法，查找有关哈军工的历史档案，以获取研究所需要的直接信息和相关数据，为本研究提供帮助。

二、研究内容的创新之处

作者在国内外哈军工和思想政治工作理论与实践研究的基础上，对哈军工思想政治工作进行了深入研究。创新之处主要体现在：

（1）在现有文献中，尚未发现从历史名校视角开展思想政治工作研究的先例，以及从思想政治工作角度研究哈军工的著述。该研究为当前高校思想政治工作创新提供了全新的视角，为丰富哈军工的研究以及增强高校思想政治工作实效性开辟了新的领域。

（2）该研究将哈军工思想政治工作对象划分为“三个群体”，总结出思想政治工作目标突出“四个强调”、思想政治工作内容强调“四个核心”、思想政治工作方法注重“三个统一”、思想政治工作途径坚持“三个结合”。由此得出当前高校思想政治工作应该做到“四个必须”，为增强当前高校思想政治工作实效性提供了借鉴。

第二章　哈军工思想政治工作背景

哈军工创办于1953年，是新中国历史上第一所综合性高等军事技术院校。作为当时中国军事院校的最高学府，其思想政治工作从筹建之初到学院分建、改建，一直备受重视，从未间断。在13年的主体办学历程中，哈军工形成了富有其自身特色的思想政治工作体系，研究其思想政治工作背景有助于进一步认识哈军工思想政治工作实践和发展的理论基础与历史基础，有助于进一步分析其思想政治工作对象、目标、内容、方法和途径的形成以及确立过程，有助于进一步认清其思想政治工作实践和发展的影响因素。本章主要从理论基础和历史背景两个方面展开研究。

第一节　哈军工思想政治工作理论基础

哈军工思想政治工作的实践与发展不是盲目的，是遵循国家需要、国防需要和人民需要开展的，是依据党和国家的指示精神开展的，同时也是在强大的理论体系指导下开展的。在当时特定的历史环境下，马克思、恩格斯的思想政治工作理论，毛泽东的思想政治工作理论，以及党和国家的思想政治工作的方针政策都为其提供了重要的理论基础和正确的方向保证。哈军工思想政治工作实践是马克思主义理论和中国共产党思想政治工作理论在高校思想政治工作中的创造性运用，是对中国共产党思想政治工作实践的积极回应。

一、马克思、恩格斯思想政治工作理论

马克思、恩格斯在工人运动实践基础上创立了马克思主义这一科学理论体系，是马克思、恩格斯的关于哲学的观点、政治学说和社会学理论，由马克思主义哲学、马克思主义政治经济学和科学社会主义三部分组成。同时，马克思、恩格斯在这一科学理论体系中也对无产阶级政党的思想政治工作理

论做了科学的阐述。马克思、恩格斯的相关思想理论，既为中国共产党的思想政治工作指明了方向，又为哈军工思想政治工作实践与发展奠定了坚实的理论基础。

一是科学地论述了辩证唯物主义与历史唯物主义的世界观。马克思主义哲学，是马克思主义的重要组成部分，包括辩证唯物主义和历史唯物主义。马克思、恩格斯将其创立的新的历史观称作唯物主义历史观，后来恩格斯改称历史唯物主义。他们在《德意志意识形态》中初步提供了这个历史观的系统思想，后来马克思又在《〈政治经济学批判〉序言》中以800多字的篇幅集中地叙述了他们的这个历史观。① 与其他组成部分相比较，马克思主义哲学有一个明显的特点，就是以科学世界观和方法论的形式渗透于马克思主义的全部理论。正是基于此，辩证唯物主义和历史唯物主义的世界观和方法论被看作马克思主义最根本的理论特征。马克思、恩格斯曾经将唯物主义辩证法比喻为“我们最好的工具和最锐利的武器”。因此，坚持马克思主义，最重要的是坚持马克思主义的世界观和方法论，创造性地运用它们分析研究重大现实问题，积极推进马克思主义的理论创新。哈军工思想政治工作在马克思主义理论指导下，坚持和运用辩证唯物主义与历史唯物主义的世界观和方法论，解决哈军工思想政治工作实践中的各种问题；始终高度重视思想政治工作，坚持将思想政治工作放在第一位，在思想政治工作实践过程中围绕思想政治工作目标开展各项工作，强调问题意识、坚持问题导向，把认识和化解思想政治工作中的矛盾作为打开哈军工思想政治工作局面的突破口，积极面对和化解思想政治工作中遇到的困难，推动哈军工思想政治工作顺利开展；坚持从客观实际出发，说服、教育全体师生员工，对其加强理想信念教育，引导他们正确认识世界、认清自我，树立正确的世界观、人生观、价值观；要求全体师生完整准确地理解这一理论体系，学习唯物辩证法的根本方法，获取观察分析和解决问题的科学的思维方法，掌握认识世界和改造世界的思想武器，不断增强辩证思维能力，学会用辩证的思维去发现问题、分析问题、解决问题。马克思、恩格斯创立的辩证唯物主义与历史唯物主义的世界观，揭

---

① 黄枬森．马克思和恩格斯创立辩证唯物主义世界观的过程［J］．毛泽东邓小平理论研究，2012（2）：56－59，115．

示了人类历史发展的客观规律，提出了无产阶级的历史使命，是哈军工思想政治工作实践与发展的理论基础和行动指南。

二是科学地论述了人的全面发展理论。马克思、恩格斯重视人的问题，关注人的发展，认为社会主义和共产主义的根本目标就是实现人的全面发展。马克思在《1844年经济学哲学手稿》中初步提出了人的全面发展理论，指出人的全面发展是“一种全面的方式，也就是说，作为一个完整的人，占有自己的全面的本质。人同世界的任何一种人的关系——视觉、听觉、嗅觉、味觉、触觉、思维、直观、情感、愿望、活动、爱——总之，他的个体的一切器官，正像在形式上直接是社会的器官的那些器官一样，是通过自己的对象性关系，即通过自己同对象的关系对对象的占有，对人的现实的占有”。之后，马克思在其经典著作《德意志意识形态》中第一次正式使用“个人的全面发展”这一概念，指出“没有需要，就没有生产”。后来，马克思、恩格斯在《共产党宣言》中指出，“每个人的自由发展是一切人的自由发展的条件”，认为人的全面发展是共产主义者的理想目标和共产主义社会的基本原则，标志着人的全面发展思想逐渐走向成熟。马克思、恩格斯从分析现实的人和现实的生产关系入手，指出了人的全面发展的条件、手段和途径，并将人的全面发展理论的基本内涵集中于人的需要的全面发展、人的个性的全面发展、人的能力的全面发展、人的社会关系的全面发展四个方面。中国共产党将坚持全面发展观、促进人的自由全面发展作为思想政治工作的目标写在思想政治工作实践的旗帜上，是在马克思主义产生之后。为此，哈军工思想政治工作秉承这一理论，重视学员的思想问题，关注学员的发展，以促进学员的全面发展为思想政治工作目的，不仅注重推动学员的政治素养、思想素养、道德素养及军事素养的全面发展，将其作为思想政治工作目标，而且在具体的思想政治工作实践过程中通过“以德育促智育”“以德育促体育”及“以德育促军事教育”的方式，实现德智体军四个方面的全面融合，最终完成思想政治工作目标和人才培养目标“双实现”这一思想政治工作任务。同时，还重视教职员工的思想问题，关注他们的个人发展，做好他们的思想政治工作，通过解决实际问题来消解他们的思想顾虑。可见，马克思、恩格斯关于人的全面发展的理论，对于明确哈军工思想政治工作目的、任务及思想政治工作目标的设置具有重大指导意义。

三是科学地论述了以人为本思想。“以人为本”是马克思主义人学理论中的重要原则。马克思、恩格斯把现实的人及其活动作为社会历史的前提和基础，并在其一系列经典著作中有着清晰的论述。《1844 年经济学哲学手稿》中提出，“人直接地是自然存在物”“整个所谓世界历史不外是人通过人的劳动而诞生的过程”；《德意志意识形态》中进一步指出，“全部人类历史的第一前提无疑是有生命的个人的存在。因此，第一个需要确认的事实就是这些个人的肉体组织以及由此产生的个人对其他自然的关系”。马克思、恩格斯又强调，“人的本质不是单个人所固有的抽象物，在其现实性上，它是一切社会关系的总和”。由上述观点可见，社会历史的本质和基础是现实的人及其活动，人类社会是以人为本的。哈军工思想政治工作始终遵循马克思、恩格斯“以人为本”的原则，并将“以人为本”思想贯穿于哈军工思想政治工作全过程，同时将其作为哈军工思想政治工作重要理念之一，并运用于具体的思想政治工作实践中。院领导不但强调以学员为本，一切为了学员，为了学员的一切，要求全院上下必须做好学员的思想政治工作，同时还强调，要时刻关注教职员工的思想变化，做好他们的思想政治工作。通过解决师生员工的实际问题来解决他们的思想问题，从而促进全院思想政治工作的顺利进行。此外，马克思、恩格斯的“以人为本”思想也是划分哈军工思想政治工作对象的标准。根据马克思主义的观点，实践中的主体一定是人，但是，人并不一定就是主体。因此，哈军工在思想政治工作对象划分问题上，以马克思、恩格斯“以人为本”思想为指导，从马克思主义认识论和实践论的角度，对思想政治工作对象进行了认识，并做出了细致的划分，提高了哈军工思想政治工作实效性。

四是科学地论述了思想政治工作的实践性。马克思、恩格斯在许多经典著作中，从人的实践性角度，系统、深入地论述了思想政治工作的实践性。马克思认为，“人的思维是否具有客观的真理性，这不是一个理论的问题，而是一个实践的问题”，“全部社会生活在本质上是实践的”。显而易见，人的思想以及全部社会生活皆源于人的实践。在《〈黑格尔法哲学批判〉导言》中，马克思指出，“批判的武器当然不能代替武器的批判，物质力量只能用物质力量来摧毁；但是理论一经掌握群众，也会变成物质力量。理论只要说服人，就能掌握群众；而理论只要彻底，就能说服人。所谓彻底，就是抓住事物的根本"。在这里，马克思所论述的理论掌握群众、理论说服人，其实现的方式和途径就是学习、教育和宣传。而马克思所强调的理论一定要满足群众的实际需求并能指导群众的实践，必须将理论与实践相结合，蕴含了思想政治工作必须坚持理论联系实际的原则。此外，马克思强调理论的彻底性就是抓住事物的根本，反映了事物的本质，揭示了事物发展的规律，蕴含了思想政治工作必须坚持实事求是的原则。① 哈军工思想政治工作正是哈军工人在马克思主义理论和中国共产党思想政治工作理论指导下多年的实践探索。而马克思主义鲜明的实践性特征，决定了哈军工思想政治工作必须坚持实事求是、理论联系实际、一切从实际出发的原则。一方面，注重马克思主义理论学习，要求师生员工努力用马克思主义武装头脑，不断提高学习和运用的水平与能力，做到在思想上融会贯通，在学习、工作、生活中自觉运用。另一方面，对不同的学员、教师及他们发展变化着的思想，做深入细致的调查研究，做到具体问题具体分析，有针对性地解决全体师生员工的各种思想问题，增强哈军工思想政治工作效果。因此，提高哈军工思想政治工作的实效性，实现哈军工思想政治工作价值的探寻，必须深刻认识和把握思想政治工作实践性的本质属性。

综上所述，马克思、恩格斯关于思想政治工作的论述不仅仅限于以上归纳。他们对思想政治工作理论做出了极大的贡献，开启了无产阶级思想政治工作的新篇章，既深刻影响着中国共产党的思想政治工作，又深刻影响着哈军工思想政治工作的实践与发展。

二、党和国家思想政治工作方针政策

政策具有延续性，党和国家的思想政治工作政策是思想政治工作理论的延伸。论述哈军工思想政治工作实践和发展的理论基础，不能脱离对那一时期党和国家的思想政治工作方针政策的分析。哈军工思想政治工作遵循什么样的原则，确立什么样的目标，设置什么样的内容，采取什么样的方法，拓

① 张耀灿，郑永廷，吴潜涛，等. 现代思想政治教育学［M］. 北京：人民出版社，2006：115.

展什么样的途径，除依据学院自身特点考量外，党和国家的思想政治工作政策对哈军工思想政治工作实践具有十分重要的指导作用。概观新中国成立到哈军工退出军队序列，党和国家的思想政治工作方针政策对哈军工思想政治工作的指导，主要体现在综合政策和具体政策两个方面。其中，党、国家和教育主管部门对当时高校思想政治工作的指导方针、教育目标、根本要求和实施纲要等相关规定作为综合政策，是哈军工思想政治工作开展的指导性文件。此外，在遵守和执行高校思想政治工作总的方针政策的前提下，对高校思想政治工作的对象、内容、方法、途径、管理制度及实施细则等方面做出的相关规定作为具体政策，是哈军工思想政治工作实践与发展的行动指南。

一是综合政策对哈军工思想政治工作的指导。哈军工思想政治工作除了以马克思列宁主义、毛泽东思想为指导外，党和国家在思想政治工作方面的综合政策也指导了哈军工思想政治工作的具体实践。1949 年的《中国人民政治协商会议共同纲领》第四十七条指出，给青年知识分子和旧知识分子以革命的政治教育，以应革命工作和国家建设工作的广泛需要。1949 年，钱俊瑞在《在第一次全国教育工作会议上的总结报告要点》中指出，对新区学校安顿以后的主要工作，是有计划、有步骤地在教师和青年学生中进行政治与思想教育，其主要目的是逐步地建立革命的人生观。在 1950 年，国家适时出台了《高等学校暂行规程》，把对学生进行革命的政治思想教育列为总纲第二条高校任务的首要条款。1958 年，《关于教育工作的指示》中提出了“为无产阶级的政治服务，与生产劳动结合”的教育方针。为此，哈军工思想政治工作的目的和主要任务是帮助学员和教师树立革命的人生观，思想政治工作目标主要是围绕培养学员的政治素养、思想素养、道德素养和军事素养几个方面来设置。可见，上述文件对高校思想政治工作的总体要求、教育目标等做了详细的规定，成为哈军工思想政治工作任务、目的制定的指导原则和目标定位的主要依据来源。

二是具体政策对哈军工思想政治工作的指导。1949 年的《整顿高等教育决定》指出，教育内容主要为学习马克思列宁主义、毛泽东思想，加强爱国主义和国际主义教育。1952 年的《关于全国高等学校马克思列宁主义、毛泽东思想课程的指示》中对高校思想政治教育课程的设置、教学时数以及讲授内容进行了规定。1961 年，《教育部直属高等学校暂行工作条例（草案）》（简称《高教六十条》）中强调，指导学生学习马克思列宁主义、毛泽东著作，参加生产劳动和实际工作的锻炼，从而使学生逐步树立无产阶级的阶级观点、劳动观点、群众观点和辩证唯物主义观点。同时又指出，在一、二年级设政治辅导员或班主任（从专职的党政干部、政治理论课教师和其他青年教师中挑选）。1964 年，《关于改进高等学校、中等学校政治理论课的意见》中强调，用马克思列宁主义、毛泽东思想武装青年，进行无产阶级的阶级教育，培养坚强的革命事业接班人。上述文件对高校思想政治工作的内容、课程体系的设置、管理制度等进行了详细规定，对哈军工思想政治工作实践具有重要的指导作用。哈军工在思想政治工作内容的设置上强调基本理论教育、理想信念教育、道德品质教育及军人使命教育等；在课程体系设置上，突出政治教育课程的比重；在管理机构上，设置专门的思想政治工作机构；在思想政治工作方法上，注重多种方法的有机统一；在思想政治工作途径上，注重多种途径的有机结合；等等。

通过以上论述可知，党和国家在 1949—1966 年出台的有关高校的思想政治工作方针政策（无论是综合政策，还是具体政策），为哈军工思想政治工作任务、原则、对象、目标、内容、方法及途径等提供了理论上的指导和最初的路径。

第二节　哈军工思想政治工作历史背景

哈军工思想政治工作实践是一个渐进发展与演变的过程，在马克思主义与毛泽东思想的指引下，在党和国家方针政策的引领下，哈军工的思想政治工作具备了起步与发展的理论基础和政策基础。同时，哈军工的思想政治工作实践还受一定历史因素的影响，包括当时国内经济形势的影响、国内政治形势的影响以及国际政治形势的影响等，考察这些历史因素，更能反映哈军工思想政治工作实践所面临的复杂形势，同时也更能体现其思想政治工作实践的意义与价值。

一、国内经济形势

哈军工作为当时中国高校意识形态教育引领的主要阵地之一，其思想政治工作与那一时期中国的经济形势以及经济状况紧密相连。哈军工从1953年建立到1966年退出部队序列的这段时期，国内经济形势较为严峻，经济状况可以分为如下几个阶段：第一阶段，1953—1956年为一五计划和“三大改造”时期。尽管当时新中国刚刚成立，战争后的国内经济处于复苏阶段，但是经历了“三大改造”之后，社会主义基本制度初步建立，我国进入社会主义初级阶段，经济开始平稳向前发展。第二阶段，1957—1962年为全面建设社会主义时期前半段，尽管这一时期经济领域各种困难不断，但到1962年国民经济又逐渐开始恢复生气。第三阶段，1963—1966年为国民经济在曲折中前进时期，这一时期我国物质文明与精神文明建设均有发展，经济形势整体向好。可见，当时中国的经济形势严峻，发展过程中多有曲折，但综合来看，哈军工办学期间，中国的经济形势整体上是向前发展的。因此，当时中国的经济形势对哈军工思想政治工作的内容和方法等有着深刻的影响，其思想政治工作实践也如当时中国经济发展进程一样，在曲折中不断前行。

一是国内经济形势对哈军工思想政治工作内容的影响。新中国成立初期，我国面临严峻的经济形势。哈军工思想政治工作受其影响，在大的原则上，坚持以马克思列宁主义、毛泽东思想为指导，以社会主义教育、集体主义教育为主线，强调爱国主义教育和国际共产主义教育，灌输国家利益、集体利益、人民利益至上的价值观念，倡导以全心全意为人民服务为核心的道德教育。但是在具体实践过程中，会随经济发展的节奏变化，对思想政治工作内容进行适当调整。当经济发展处于困难时期时，哈军工强化思想政治工作，进一步加强社会主义和集体主义教育，统一思想，凝聚力量，引导广大师生员工积极应对复杂的国内经济形势变化，倡导大家团结一心、艰苦奋斗、无私奉献、共克时艰。当经济复苏，整体趋好时，根据情况适当调整思想政治工作内容，继续强调坚持正确的政治方向、坚持中国共产党领导的政治教育；坚定社会主义信念，巩固全心全意为人民服务的道德品质教育；强调只有一切从人民群众的根本利益出发，一切为了人民，一切依靠人民，才能更好地体现社会主义社会实质的思想教育；等等。

二是国内经济形势对哈军工思想政治工作方法的影响。国内经济形势不但影响哈军工思想政治工作内容，还影响哈军工思想政治工作方法。当国内经济形势严峻时，哈军工在思想政治工作方法运用上侧重于灌输法、实践锻炼法，引导广大师生员工清楚当时的经济状况以及未来的经济走势，通过参加社会实践，磨炼意志，端正作风，帮助教师和学员树立革命的人生观以及正确的世界观、价值观。当国内经济整体向前发展时，哈军工在思想政治工作方法的运用上更多地提倡多种工作方法相统一，如坚持灌输法与渗透法的统一、典型对比法与舆论宣传法的统一、层次性教育法与阶段性教育法的统一，等等。虽然国内的经济形势对哈军工思想政治工作方法有一定的影响，但无论是侧重于单一方法的分开运用，还是提倡多种工作方法的统一结合运用，均促进了哈军工思想政治工作的顺利开展，并取得了显著的效果。

思想政治工作是经济工作和其他一切工作的生命线。因此，不管是何种经济形势下、何种经济状况时，思想政治工作都是十分必要的。经济态势的走向、经济状况的好坏、经济环境的优劣均会对思想政治工作产生一定的影响。

通过以上论述可知，哈军工思想政治工作内容与方法受当时国内经济形势的影响，并根据经济形势的变化适时调整。

二、国内政治形势

哈军工思想政治工作既受国内经济形势的影响，又受国内政治形势的影响。那一时期中国政治敏感度较高，政治形势复杂严峻，哈军工思想政治工作受当时政治形势的影响较大，其目标和途径与国内政治形势的变化密切相关。

一是国内政治形势对哈军工思想政治工作目标的影响。复杂严峻的国内政治形势对哈军工思想政治工作目标的影响主要体现在两个阶段：第一个阶段是 1953—1956 年，这一时期全国都在集中精力搞经济建设，一心一意提高社会发展速度，国内经济稳步向前发展的同时政治形势也较为平稳，政治氛围良好，政治环境稳定。而此时，哈军工刚刚成立，学院的思想政治工作正处于探索、发展阶段，院领导根据党中央政策，响应国家号召，依据国内政治形势以及社会需要、教育需求等，提出了培养哈军工学员“又红又专”、德智体军全面发展的思想政治工作目标，要求学员分别在政治素养上、思想素养上、道德素养上和军事素养上达到一定标准；第二个阶段是1956—1966年，这期间国内的政治形势变化较大，稳中有曲，不稳定的政治形势导致政治氛围紧张。哈军工作为当时中国军事院校的最高学府，受其影响较大，思想政治工作目标随政治形势变化而不断调整。哈军工思想政治工作目标要求学员更加注重在政治素养上、思想素养上、道德素养上和军事素养上达标过硬，尤其是政治素养。不可否认，国内政治形势的复杂严峻对哈军工思想政治工作目标有一定的影响，但影响也仅限于目标的略有调整，总的目标方向并没有受其影响而发生根本性改变。

二是国内政治形势对哈军工思想政治工作途径的影响。哈军工作为当时中国高校意识形态教育的主阵地，受全国政治大环境的影响较大，向师生员工传达国家政策、中央指示和精神的速度较快。因此，国内政治形势对思想政治工作途径的影响也就颇为明显。当国内政治形势稳定时，哈军工思想政治工作的途径主要以学校教育为主，适当结合社会教育和部队教育以做补充，从而强化对学员的政治教育和思想教育。当国内政治形势复杂时，哈军工思想政治工作的途径侧重于多种途径的有机结合，校内注重课堂教育，对全体师生进行中央政策和党的方针政策的灌输，校外注重社会实践教育，要求全体师生上山下乡，走工农结合之路，并将二者相结合，更好地促进学员和教师政治意识及思想认识的提升。此外，哈军工在思想政治工作途径上还注重野营教育与部队教育结合、学校教育与典型家庭教育结合，进一步坚定学员的政治信仰和理想信念。这既体现了哈军工的特色，又推进了哈军工思想政治工作实践的发展。

概而言之，在当时政治较为敏感的时期，国内政治形势的任何变化都会对哈军工的思想政治工作产生影响，进而影响其目标和途径。但总体来说，哈军工思想政治工作目标并没有发生根本性的改变，只是依据政治形势的变化，侧重或偏向某一方面，其思想政治工作途径也仅仅是根据党和国家的要求以及学校自身的需求适当地结合。

三、国际政治形势

国内政治、经济形势作为国内背景对哈军工思想政治工作实践的诸多方面产生影响。但与此同时，国际政治形势的瞬息变化也在某种程度上对哈军工的思想政治工作产生或多或少的影响，其中抗美援朝战争和国际共产主义运动作为主要的国际政治因素影响着哈军工思想政治工作的目的和任务。

一是抗美援朝战争对哈军工思想政治工作目的的影响。哈军工创办的动因之一，是满足抗美援朝战争之需，所以这场战争对哈军工的思想政治工作产生了十分重要的影响，进而影响哈军工思想政治工作的目的。1950 年 6 月 25 日，朝鲜内战全面爆发。同年的 10 月 19 日，中国人民志愿军开赴朝鲜战场。因技术装备落后和技术人才缺乏，这场战争所付出的代价是昂贵的。因此，迫切需要一大批能够掌握和使用现代化武器装备的军事工程技术人才。考虑到抗美援朝战争的持续性与长期性，中共中央和中央军委高瞻远瞩，将筹办军事工程技术学院提上了议事日程，以求迅速解决我军技术落后的问题。于是，哈军工应运而生。首先是为这场国际战争培养军事工程技术人才，所以对人才的培养不仅仅要求技术素质过硬，更要求政治素养过硬，表现为具有正确的政治方向、坚定的政治信仰、崇高的思想境界、高尚的道德品质等。哈军工是为这场战争而创建的军事院校，必然要承担起培养此类人才的重任。为此，哈军工思想政治工作的最初目的与学院创办目的是一致的，即根据抗美援朝战争的需求，保证培养的学员政治素养和技术素质过硬，以便于更好地解决军事工程技术人才缺乏这个难题。

二是国际共产主义运动对哈军工思想政治工作任务的影响。20 世纪 50 年代中期，国际共产主义运动发生了一系列重大事件。最为突出的事件是苏联共产党第二十次全国代表大会的召开，此次会议尖锐地揭露斯大林在领导苏联社会主义建设中的严重错误以及对他的个人崇拜所造成的严重后果，在社会主义阵营中产生了极大震动。这对其他各国共产党，包括中国共产党，破除对斯大林和苏联经验的迷信，解放被教条主义绳索束缚的思想，努力寻求适合本国情况的革命和建设道路，有着重要的意义。20 世纪 50 年代末到 60 年代初期，世界上各种力量发生新的分化和改组，局势出现动荡。随着中苏之间的分歧扩大以及中美之间的斗争加剧，中国周边的国际形势日趋紧张。①国际形势因国际共产主义运动的频繁发生而千变万化。为此，哈军工思想政治工作任务始终未离开对国际形势和国际共产主义的深度解析，院领导对哈军工全体师生员工做政治报告时，先是阐述国际形势以及国际共产主义运动的变化，对世界上的时事态势进行剖析后再对国内形势进行讲述。国际形势和国际共产主义运动变化的阐释与解读始终是哈军工思想政治工作任务的一部分。

综上所述，哈军工思想政治工作既受国内政治、经济形势的影响，又受国际政治形势的影响。在各种历史背景影响下，哈军工思想政治工作的目标、内容、方法、途径、目的、任务等有着不同程度的变化，进而影响着哈军工思想政治工作的实践发展。

① 中共中央党史研究室. 中国共产党历史图志［M］. 上海：世纪出版集团，上海人民出版社，2009：458，473.

第三章　哈军工思想政治工作历程

哈军工作为当时中国军事院校的最高学府，从筹建之初就高度重视思想政治工作。对全体师生员工开展有目的的、目标清晰的思想政治工作，成为哈军工领导们的首要任务。这同时也开启了哈军工思想政治工作实践的进程，在渐进式的发展过程中，哈军工思想政治工作先后经历了初步发展、快速发展和曲折发展三个阶段。

第一节　哈军工思想政治工作初步发展

哈军工思想政治工作的初步发展始于哈军工筹建之时。1952 年 6 月 23 日，毛泽东签发了《中央军委关于调整全国军事学校的命令》。哈军工的筹建工作正式开始。9 月 1 日，陈赓主持召开军事工程学院筹委会第一次会议，也是哈军工首个思想政治工作会议，标志着哈军工思想政治工作的正式展开，也标志着哈军工人正式开启了思想政治工作探索之路。陈赓的教育思想为处于初步发展阶段的思想政治工作提供了方向保证，而新中国成立初期党对知识分子开展思想政治工作的经验提供了实践基础。

一、陈赓的教育思想是哈军工思想政治工作的方向保证

陈赓作为哈军工首任院长兼政委，始终坚持以马克思列宁主义、毛泽东思想为工作指导思想，在哈军工思想政治工作实践过程中，提出了诸多具有前瞻性的教育理念和工作方法。这些理念和方法作为陈赓教育思想的重要组成，为哈军工探索独具特色的思想政治工作提供了方向保证，是哈军工思想政治工作实践的航标。

一是陈赓的教育理念促进思想政治工作理念的探索。哈军工思想政治工作怎样做好？需要秉持什么样的思想政治工作理念？陈赓作为一院之长，其

先进、深邃的教育理念开启了探索之路。陈赓的教育理念主要来源于对马克思列宁主义和毛泽东思想的深刻理解以及自身丰富的革命工作经验的凝结。毛泽东曾指出:“我国的艰巨的社会主义建设事业,需要尽可能多的知识分子为它服务。”基于此,陈赓提出了“两老办院”的工作理念,充分肯定了老教授和老干部的地位,将其作为办学治校的两根柱子,要求他们彼此之间相互尊重、相互学习,取长补短,搞好团结,共建学院。“教员是炒菜的,学员是吃菜的,而干部是端盘子的”①,这句名言在哈军工广泛流传,其作为陈赓教育理念中的又一亮点,凸显哈军工的育人宗旨,强调以学员为本,“一切人都要为学员着想,对家属、保姆也要灌输这个思想”②。注重学员的思想政治教育,贴近学员,关照学员,爱护学员。陈赓倡导“善之本在教,教之本在师”的教书理念,强调教师是“立校之本”,应倍加爱惜与呵护。“凡是真正愿意为社会主义事业服务的知识分子,我们都应当给予信任,从根本上改善同他们的关系,帮助他们解决各种必须解决的问题,使他们得以积极地发挥他们的才能。”③ 为此,陈赓主张对教师不搞关门主义,政治上关心信任、工作上大胆使用、生活上多加照顾。此外,陈赓提出的“两个中心”的科研工作理念,即以教学和科研为中心,教学和科研并驾齐驱,主张教学和科研两条腿走路,两手抓,两手都要硬。陈赓的教育理念渗透在哈军工办学和思想政治工作实践的全过程,为处于初步发展阶段的思想政治工作指明了方向。

二是陈赓的工作方法促进了思想政治工作方法的探索。哈军工思想政治工作效果明显,源于有效的方法,其工作方法的探索离不开陈赓在哈军工思想政治工作实践中所运用的工作方法。陈赓的工作方法主要是以马克思列宁主义、毛泽东思想为指导,将革命工作经验与思想政治工作实践相结合。首先,作为学院的一把手,陈赓始终把思想政治工作放在重要位置亲自抓,并以身作则,对于思想政治工作目标的定位、思想政治工作对象的划分、思想政治工作内容的设置、思想政治工作方法和途径的择取,陈赓都提出自己的建设性意见。他定期为全体师生员工做政治报告,讲形势、谈感受,同时还

---

① 田永清. 陈赓办学:“饭菜”显哲理[J]. 教师博览,2004(7):12.

② 滕叙兖. 论“将军教育家”陈赓同志的教育思想:纪念陈赓大将百年诞辰[J]. 高等教育研究学报,2003(2):94-98.

③ 中共中央文献研究室. 毛泽东文集:第7卷[M]. 北京:人民出版社,1999:225-226.

亲自做个别教师、干部、学员的思想政治工作。其次，陈赓主张做思想政治工作必须坚持走群众路线，“从群众中来，到群众中去，想问题从群众出发就好办”①，始终将“全心全意地为人民服务，一刻也不脱离群众；一切从人民的利益出发，而不是从个人或小集团的利益出发；向人民负责和向党的领导机关负责的一致性”② 作为各项工作的出发点。他经常深入师生员工中，通过解决师生员工的小事、琐事等实际问题，来解决他们的思想认识问题。再次，陈赓作为一院之长，没有官架，不露官威，做思想政治工作灵活、耐心，讲究亲力亲为、细致幽默。在做思想政治工作时，他充分利用个人幽默，缓解师生员工的紧张情绪，打消他们对思想政治工作的排斥心理，让思想政治工作深入人心。最后，陈赓在哈军工时刻注重寻找典型、树立典型。从学院筹建时在建筑工人里寻找节约分子、树立节约典型，到亲自做学员思想政治工作树立学习典型，陈赓充分利用典型教育的方法来做好全院师生员工的思想政治工作，将典型教育运用到极致。通过寻找各种典型、树立各种典型，让榜样的力量发挥到最大。以上思想政治工作方法，是陈赓在哈军工思想政治工作实践过程中最为常用并行之有效的方法。不难看出，这些方法体现出强烈的目的性，即找准目标、设定目标，围绕目标开展工作，最终实现教育学员的目的。可以说，哈军工思想政治工作方法的探索，初期是围绕陈赓的一系列工作方法展开的。陈赓将自身丰富的思想政治工作经验转化为行之有效的思想政治工作方法，为推进哈军工思想政治工作顺利开展以及更好地实现思想政治工作目标提供了方向保证。

概而言之，陈赓作为哈军工思想政治工作探索的领路人，其教育思想对哈军工思想政治工作有着十分重要的影响。他的教育理念和工作方法指引着哈军工思想政治工作理念和方法等方面的探索，为哈军工起步阶段的思想政治工作奠定了方向基础。

二、知识分子教育经验是哈军工思想政治工作实践基础

尽管哈军工对思想政治工作实践的探索有陈赓的教育思想做方向保证，

① 中共中央文献研究室．毛泽东文集：第3卷［M］．北京：人民出版社，1999：71．

② 毛泽东．毛泽东选集：第3卷［M］．2版．北京：人民出版社，1991：1094－1095．

但哈军工思想政治工作的实践基础却源于知识分子教育经验，即新中国成立初期党对知识分子开展思想政治教育的经验。哈军工于 1952 年开始筹建，作为新中国历史上第一所综合性高等军事技术院校和全军知识分子较集中的单位之一，其思想政治工作如何来做，思想政治工作秉承什么样的理念、定位什么样的工作目标、设置什么样的工作内容、择取什么样的工作方法、采取什么样的工作途径均没有现成的范式可供借鉴。因此，知识分子教育经验成为哈军工思想政治工作实践探索的首要依据。

马克思、恩格斯认为，知识分子在人类发展历史中占据十分重要的地位，“如果明天我们必须掌握政权，我们就需要工程师、化学家、农艺师；为了占有和使用生产资料，我们需要有技术素养的人才，而且数量很大”①。“如果我们有哲学家和我们一起思考，有工人和我们一起为我们的事业奋斗，那末世界上还有什么力量能阻挡我们前进呢?”② 由马克思、恩格斯的论述可以看出，无产阶级的革命和建设需要知识分子，有知识分子参加的革命事业，将会对无产阶级的革命和发展起到重要的促进作用，马克思、恩格斯的论断体现出对知识分子的重视，肯定了知识分子在人类发展中的重要地位及作用。列宁指出：“知识分子和其他阶级相比占有独特地位，就他们的社会关系、观点等等来说，在某种程度上接近资产阶级；由于资本主义愈来愈剥夺他们的独立地位，把他们变成人性的雇佣者，使他们受到降价生活水平的威胁，这在某种程度上又使他们接近于雇佣工人。”③ 从这段论述可以看出，列宁也承认了知识分子的重要地位，但也同时强调，对于知识分子需要开展必要的思想政治工作。马克思、恩格斯和列宁关于知识分子的阐述为毛泽东等中国无产阶级革命家正确认识和处理知识分子与革命和建设的关系，以及党对于知识分子如何进行思想政治教育等指明了方向。

一是新中国成立初期党对知识分子开展思想政治教育的指导思想和基本

---

① 马克思，恩格斯．马克思恩格斯全集：第 33 卷［M］．中共中央马克思恩格斯列宁斯大林著作编译局，译．北京：人民出版社，1973：630.

② 马克思，恩格斯．马克思恩格斯全集：第 2 卷［M］．中共中央马克思恩格斯列宁斯大林著作编译局，译．北京：人民出版社，1957：595.

③ 列宁．列宁全集：第 4 卷［M］．中共中央马克思恩格斯列宁斯大林著作编译局，译．2 版．北京：人民出版社，1984：183.

方针为哈军工思想工作实践提供了方向指引。中国共产党历来十分重视知识分子在革命和建设中的地位及作用。新中国成立初期党对知识分子开展思想政治教育的指导思想和基本方针主要源于毛泽东关于知识分子问题的重要论述。毛泽东曾明确提出，知识分子“常常起着先锋的和桥梁的作用”①“没有知识分子的参加，革命的胜利是不可能的”②。在党的七届二中全会报告中，毛泽东曾提出：“无产阶级领导的以工农联盟为基础的人民民主专政，要求我们党去认真地团结全体工人阶级、全体农民阶级和广大的知识分子，这些是这个专政的领导力量和基础力量。”③ 毛泽东关于知识分子的论述，一方面肯定了知识分子的重要地位和作用，另一方面也提出了在知识分子中开展思想政治工作的必要性和方法。所以，新中国成立之初，随着党的工作重心由农村转移到城市，国家面临着完成新民主主义革命，恢复和发展经济、文化事业的艰巨任务。各行各业的恢复和重建急需大量各种类型的人才，而这些人才又不可能在短期内一下子培养出来，所以必须首先争取、团结和使用已有的知识分子，逐步改造陈旧的世界观，将其转变为工人阶级的知识分子。④ 因此，党基本上继承和坚持了毛泽东关于知识分子的论述以及当时在革命战争时期形成的一切从中国的实际出发，解放思想、实事求是的思想路线，提出了“以提高人民群众文化水平，培养国家建设人才，肃清封建的、买办的、法西斯的思想，发展为人民服务的思想为主要任务；把爱祖国、爱人民、爱劳动、爱科学、爱护公共财物，作为中华人民共和国全体公民的公德；提倡用辩证唯物主义和历史唯物主义的立场、观点和方法，研究和解释当代政治、经济、历史、文化问题及国际事物”⑤，进一步提出“知识分子和青年学生需要加强思想政治工作。除了学习专业之外，在思想上要有所进步，政治上也要有所进步，没有正确的政治观点，就等于没有灵魂”⑥。这既是教育事业的主要任务，同时也是党对知识分子开展思想政治教育的指导思想和基本方针。

---

① 毛泽东．毛泽东选集：第3卷［M］．2版．北京：人民出版社，1991：641．

② 毛泽东．毛泽东选集：第3卷［M］．2版．北京：人民出版社，1991：618．

③ 毛泽东．毛泽东选集：第4卷［M］．2版．北京：人民出版社，1991：1436－1437．

④ 石国亮．建国以来党的知识分子政策演变的理论探讨［J］．理论探讨，2001（2）：81－84．

⑤ 教育部社会科学研究与思想政治工作司．中国共产党思想政治工作史论［M］．北京：高等教育出版社，2003：188．

⑥ 中共中央文献研究室．毛泽东文集：第7卷［M］．北京：人民出版社，1999：226．

哈军工作为党和国家的教育事业单位之一，知识分子相对集中，又因其处于筹建阶段，对知识分子开展思想政治工作应采取什么样的方针政策，尚缺乏系统的认识。因此，新中国成立初期党对知识分子开展思想政治教育的指导思想和基本方针成为哈军工思想政治工作的最初依据来源。

二是新中国成立初期党对知识分子开展思想政治教育的内容、方法、途径等为哈军工思想政治工作实践探索提供了启示与借鉴。在思想政治工作体制上，为了做好知识分子的思想政治工作，党和国家提出在各级党政机关、学校、企事业单位建立思想政治工作机构和工作制度，使党对知识分子开展思想政治工作在组织上有了保证。在思想政治工作内容上，要求广大知识分子深刻学习马克思列宁主义的基本理念和党的方针政策，肃清帝国主义、封建主义和官僚资本主义的影响，对其进行全面深入的爱国主义和国际主义教育，使其树立革命世界观和革命人生观，树立与工农结合、为人民服务的思想，等等。在思想政治教育方法上，采取讲演会、学文件、听报告、座谈、讨论等多种学习形式，运用新旧社会的历史对比方法，培养知识分子拥护中国共产党，热爱新中国，把自己的思想与实际工作紧密联系起来，运用批评和自我批评的方法，来提高自我教育、自我完善的能力。在思想政治教育途径上，积极引导知识分子与实践、与工农相结合，要求知识分子深入群众，到工厂、到农村，认真学习工人阶级、劳动人民的思想、观念，最终站到无产阶级的立场上来。① 因此，在哈军工思想政治工作初步发展阶段，其思想政治工作内容的设置、方法和途径的择取上，很大程度上是借鉴了新中国成立初期党对知识分子开展思想政治教育的内容、方法和途径。

概而言之，哈军工的思想政治工作坚持以新中国成立初期党对知识分子开展思想政治教育的政策和经验为牵引，较好地完成了对哈军工知识分子的思想政治教育。同时，对思想政治工作实践与发展进行了有目的的探索。因此，新中国成立初期党对知识分子开展思想政治教育的经验成为哈军工思想政治工作初步发展的实践基础。

---

① 教育部社会科学研究与思想政治工作司．中国共产党思想政治工作史论［M］．北京：高等教育出版社，2003：188－190，197．

第二节　哈军工思想政治工作快速发展

陈赓的教育思想为哈军工初步发展阶段的思想政治工作提供了方向保证，而党和国家对知识分子开展思想政治教育的经验为其奠定了实践基础。在经历了初步发展阶段的探索后，哈军工的思想政治工作步入了第一个工作循环，即哈军工的第一个教学周期（1953—1957 年）。该时间段是哈军工思想政治工作的快速发展阶段，思想政治工作理念、对象、目标、内容、方法、途径等得以初步确立，并在第一个工作循环得以验证。在此期间，陈赓绝大多数时间在哈军工主持日常工作，其思想政治工作实践成为哈军工思想政治工作快速发展的关键因素，而组织成立的专门的思想政治工作机构成为该阶段思想政治工作的基础保障。

一、陈赓思想政治工作实践是哈军工思想政治工作关键

从 1953 年 9 月 1 日招收第一期学员到 1957 年底这一期学员毕业，是哈军工教育教学过程的第一个循环，是哈军工培养军事工程技术干部的第一个工作周期。陈赓担任哈军工首任院长兼政委期间，大部分时间在学院主持日常工作，并亲自抓学院的思想政治工作。因此，他在哈军工的思想政治工作实践成为哈军工思想政治工作得以有效开展的关键，其具体的工作实践体现为他所倡导的思想政治工作理念，以及目标定位、内容设置、方法和途径的择取等。

一是思想政治工作理念的提出。“思想工作和政治工作，是完成经济工作和技术工作的保证”①，是中国共产党领导革命和建设取得胜利的重要保障。重视思想政治工作是中国共产党的优良传统，陈赓作为一名资深党员，深刻领会其重要性。在哈军工筹建之时，陈庚即提出学院必须高度重视思想政治工作，并严格遵循“思想政治工作，各个部门都要负责。共产党应该管，青年团应该管，政府主管部门应该管，学校的校长教师更应该管”② 的指示精

① 中共中央文献研究室．毛泽东文集：第 7 卷［M］．北京：人民出版社，1999：351．

② 中共中央文献研究室．毛泽东文集：第 7 卷［M］．北京：人民出版社，1999：226．

神，要求院领导亲自抓思想政治工作，他本人身体力行，亲自做干部、教师和学员的思想政治工作。同时强调，必须先做好干部和教师的思想政治工作，才能更好地在学员中开展思想政治工作。此外，陈赓还强调，哈军工思想政治工作实践必须以学员为根本，以提高学员思想素质和政治素质及促进学员全面发展为人才培养目标和思想政治工作目标。可见，陈赓的高度重视、全员参与、以人为本、全面发展等教育思想，为确立哈军工思想政治工作理念起到了方向引导作用，并为促进其思想政治工作理念的最终形成发挥了至关重要的作用。

二是思想政治工作目标的定位。哈军工作为培养军事技术人才的摇篮，是培养学员成为“某种人”，抑或“使人作为人而能够成为人”，是哈军工在办学过程中需认真考虑的。因此，无论是教育教学还是思想政治工作，都需设定具体的目标。陈赓曾在哈军工正式开学前，就哈军工的人才培养工作，向毛泽东、周恩来等党和国家领导人请示，并在此基础上针对国家需求、学院特点和学员特点，反复斟酌提出自己的看法，与党委会组成人员商议决定，最后呈报中央批阅。而且就哈军工思想政治工作目标定位问题，多次与干部、教师商讨，主张将其目标作为人才培养目标之首来认真对待，强调在定位思想政治工作目标时，需关涉政治素养、思想素养、道德素养、军事素养等几个方面，以促进学员全面素质的提升。可以说，陈赓对哈军工思想政治工作目标定位倾注了大量心血，其对思想政治工作目标的地位和涵盖范围的界定为哈军工思想政治工作目标的确立起到了关键性的促进作用。

三是思想政治工作内容的设置。陈赓在强调思想政治工作目标定位重要性的同时，认为思想政治工作内容必须针对思想政治工作目标而设置，以促进思想政治工作目标的实现和思想政治工作任务的完成。“不论是知识分子，还是青年学生，都应该努力学习。除了学习专业之外，在思想上要有所进步，政治上也要有所进步，这就需要学习马克思主义，学习时事政治”①，“要提倡勤俭建国”②。为此，陈赓提出学员要深刻学习马克思列宁主义的基本理论、毛泽东思想、时事政策、革命精神、革命传统等，对其开展深入的爱国

① 毛泽东. 毛泽东著作选读：下册［M］. 北京：人民出版社，1986：780.

② 中共中央文献研究室. 毛泽东文集：第7卷［M］. 北京：人民出版社，1999：226.

主义、共产主义和社会主义教育。陈赓之所以将其作为哈军工思想政治工作内容：一则，是当时国家政治大环境的需要，贯彻落实党和国家的方针政策，意识形态教育必须牢固；二则，是他深知不同的思想政治工作内容，可以有针对性地解决不同的素质培养问题，从而促进学员政治信仰的进一步坚定、政治态度的进一步端正、思想素质和道德品质的进一步提升。

四是思想政治工作方法和途径的择取。在思想政治工作方法、途径的择取上，陈赓以自己的言教和身教，为哈军工思想政治工作更好地开展起到了率先垂范的作用。他亲自做干部、教师和学员的思想政治工作，从细微之处着手，通过解决实际问题进而解决思想问题。因材施教、有的放矢是陈赓多年的思想政治工作经验。针对不同的思想政治工作目标和工作内容，择取不同的思想政治工作方法和途径是陈赓一直坚持的基本原则。在使用理论灌输法的基础上，强调实践锻炼法的重要性，结合理论联系实际法和调查研究法，充分运用典型教育法和对比教育法，并在以上传统思想政治工作方法基础上，提倡思想政治工作方法的创新。鼓励哈军工思想政治工作者根据既定的思想政治工作目标、学员的个性特征及学院自身特点，探索行之有效的思想政治工作方法。此外，在思想政治工作途径上，强调学校思想政治工作和社会思想政治工作的基础作用。但与此同时，哈军工作为军事院校，陈赓主张应将思想政治工作的途径拓展到部队层面，强调哈军工学员既是学生又是士兵的双重身份，要求学员定期去部队实习锻炼，以强化学员的政治素质、思想素质和军事素质。

通过以上论述可知，陈赓在哈军工的第一个工作循环期间，其思想政治工作实践始终贯彻执行党和国家的方针政策，身体力行教育全体师生员工，得到了哈军工全体师生员工的认可和好评，为哈军工思想政治工作者做出了表率。而且可以看出，陈赓的教育理念覆盖了思想政治工作的方方面面，有领导层面高度重视的负责态度，有全员参与、以人为本、全面发展的核心思想，更有内容的设置、方法的创新和途径的拓展等可操作的思路，每个方面都具体而明确，这为哈军工的思想政治工作快速发展起到了关键性的引领作用。

二、专门的思想政治工作机构是哈军工思想政治工作的保障

在陈赓的教育理念引领下，为了在第一个工作循环更好地开展思想政治工作，哈军工院党委积极响应“在各级各类党政机关、学校、企事业单位建立思想政治工作机构和工作制度”① 的中央指示和精神，专门成立了思想政治工作机构，即政治部，这是哈军工重视思想政治工作的又一重要表现，该机构的合理设置与有序运行，成为哈军工思想政治工作的基础保障。

一是专门的思想政治工作机构的合理设置。政治部作为哈军工思想政治工作的第一机构，承担着全院师生的思想政治工作任务，基本职能是保证党的思想政治工作任务的完成。哈军工政治部属于学院直属机构，由学院院长和学院政委直接领导。可见，哈军工的思想政治工作是由学院一把手来抓，此举十分有利于明确工作目标及责任目标。其下辖组织部、宣传部、文化部、保卫部、政治干部部、政治教育部，以及第一、第二、第三直属政治处，统领全院思想政治工作。此外，政治部依靠各系，并按专业建立专科和专科党、团支部等基层行政组织，在学员中开展多种形式的思想政治工作。一开始，专科只设主任，其主管专业教授会和学员班。1955 年以后，专科增设政治委员。第一期学员由一年级升到二年级、第二期学员由预科进入一年级后，专科之下增设年级主任。起初，专科成立党支部，后来随着党员数量的逐渐增多，又成立党的总支部，支部建在年级，班级有党小组和青年团支部。② 可以说，政治部遵循目的明确、目标统一的原则，机构设置科学、完整、系统，各方职责明确，分工合理有序，运转自如高效。

二是专门的思想政治工作机构的有序运行。哈军工政治部的基本任务是保证党的思想政治工作任务的完成，中心工作是保证哈军工思想政治工作计划的完成。其主要任务体现在思想政治工作目标、内容的设置上。即重点培养学员优良的政治品质、高尚的道德情操，指引学员树立革命的人生观；政治教育由马克思列宁主义的基本理论教育、毛泽东思想教育、现实思想教育

---

① 教育部社会科学研究与思想政治工作司．中国共产党思想政治工作史论［M］．北京：高等教育出版社，2003：188．

② 任学文．永远的“哈军工”［M］．长沙：国防科技大学出版社，2003：155－158．

和方针政策教育组成，占整个课程体系10%左右，比重之高仅次于专业教育。学制年限内，通过系统的马克思主义基本理论教育和时事政策教育、定期的革命传统教育及多种形式的现实思想理论教育，有目的、有计划地帮助学员树立正确的劳动观点、群众观点、阶级与阶级斗争观点，了解社会发展规律，打好革命世界观的基础，等等。由主要任务可知，政治部最终根据党和国家的方针政策以及学院党委的要求，以学院管理部门的身份设置哈军工思想政治工作目标和思想政治工作内容。同时，政治部还需定期向院党委报告党的方针政策和办学指导思想在实践中贯彻执行的情况，以及师生员工的思想动向；提出改进工作、解决思想问题的措施和建议，并通过政治工作系统和党团组织发动群众，落实院党委的指示、决定和要求等。而政治部各业务部门始终围绕学院的人才培养任务和培养政治上坚定，无限忠于党、人民和祖国，具有高度的爱国主义与国际主义精神，“又红又专”，德智体军全面发展的军事工程师这个思想政治工作目标来开展各项工作。此外，每个学期，政治部都要根据院党委的指示，结合学院实际情况，做出保证教育教学的工作安排。每个学年，都要召开政治工作会议，一方面安排全年的政治工作，确定好政治工作目标；另一方面总结交流思想政治工作的经验，提出进一步改进完善的意见与措施。政治部还与思想政治工作的执行者交换意见，总结思想政治工作方法，然后择优推行实施。可见，专门的思想政治工作机构运行有条不紊、紧张有序，而且目的明确、责任清晰，其目的就是围绕中心任务，为实现思想政治工作目标保驾护航。

概而言之，哈军工设置专门的思想政治工作机构，首先凸显的就是目的清晰、目标明确，就是为了做好全院师生员工的思想政治工作，为人才培养工作服务。该机构设置合理，层级分明，运行有序，促进了哈军工思想政治工作目标、内容、方法和途径等进一步明确，保障了哈军工思想政治工作的有效开展。

通过以上论述可知，哈军工思想政治工作在第一个工作循环期间，由于陈赓院长在哈军工的诸多思想政治工作实践和专门的思想政治工作机构的设置而成绩斐然，不仅人才培养任务如期完成，而且思想政治工作目标也基本实现。第一批学员顺利毕业后，供不应求，用人单位普遍反映哈军工学员政治素质优秀、思想素质高尚、专业素质过硬。在这样一个有利形势和良好效果面前，哈军工的思想政治工作实践过程基本成形。而且，在这个完整的教学周期里，哈军工的思想政治工作始终围绕思想政治工作目标来开展，各项工作和教育任务的制定与完成皆以思想政治工作目标为轴心，始终将实现思想政治工作目标贯穿于哈军工人才培养的全过程。简言之，在哈军工第一个完整的教育教学循环周期里，陈赓的思想政治工作实践和专门的思想政治工作机构成为哈军工思想政治工作顺利开展的关键和保障。

第三节　哈军工思想政治工作砥砺前行

1959 年 11 月 19 日，陈赓署名的一份报告呈送中央军委领导批阅。报告的主要内容是关于军事工程学院分建和改建的事宜。陈赓的报告引起了军委领导的极大重视，并由总政治部召集各军兵种领导开会讨论，征求意见，把哈军工调整、分建工作具体化，以此来带动全军重点技术院校的建设。12 月 31 日，中央军委办公会议做出决定，将军事工程学院的炮兵、装甲兵、工程兵三个工程系分出来，分别成立炮兵、装甲兵、工程兵三个工程学院；要求“军事工程学院集中力量为国防现代化培养尖端技术人才”，执行“尖端集中，常规分散”“双方兼顾，照顾尖端”的分建工作指导方针。哈军工于 1960 年开始分建和改建。自此，哈军工思想政治工作进入了砥砺前行时期。

越是有困难，越是不畏惧困难，迎难而上，这是中国人民解放军的光荣传统，同时也是中国共产党的优良传统。面对困难，加强和改进思想政治工作是中国共产党的一贯原则。尽管学院面临诸多困难，但思想政治工作却丝毫没有放松。哈军工思想政治工作始终坚持灵活性与针对性相结合，在分建、改建期间，针对不同时期的不同困难，学院领导身先士卒、以身作则，高度重视思想政治工作，及时调整工作形式，逐级开会，积极动员，围绕思想政治工作目标有针对性地增加或删减思想政治工作内容，适时调整方法和拓宽途径，进一步促进目标的实现。始终坚持以思想政治工作目标来引领全院思想政治工作，加强对全院师生的思想政治教育，巩固前期取得的工作成果。具体体现在：分建时期，有针对性地增加思想政治工作内容，促进其内容的完善；改建时期，根据教学需求和教育要求，适时调整思想政治工作方法，促进其方法体系的成熟。

一、分建时期

有针对性地增加思想政治工作内容，促进其内容体系的完善。在初步发展和快速发展阶段，哈军工思想政治工作的主要内容包括：马克思列宁主义基本理论教育、毛泽东思想教育、时事政策教育、革命传统和革命精神教育等。但是到了哈军工分建时期，哈军工思想政治工作内容略有调整，适时增加工作内容或者进一步细化原有的工作内容。全体师生通过学习毛泽东著作，进一步深刻领会毛泽东思想的内涵，用毛泽东思想指导革命世界观的树立，指导教学、科研、学习，解决学习、工作和生活中的实际问题，真正做到学以致用，其政治理论得到进一步巩固、政治觉悟普遍得到提高，为实现政治素质过硬打下更为坚实的基础。同时，分建时期面临各种困难，既有物质上的，又有精神上；既有体力上的，又有心理上的，如何帮助师生员工消除心中顾虑，减轻思想负担，是哈军工院领导着重思考的问题。通过经常性的政治报告、思想动员、心理疏导，适时增加思想政治工作内容，着力解决好全体师生员工的思想问题。

二、改建时期

适时调整思想政治工作方法，促进其方法体系的成熟。哈军工思想政治工作在经历了一个相对完整的教学工作循环后，形成了一些具有哈军工自身特色的思想政治工作方法，这些方法在一定程度上较好地解决了师生的思想问题。但是方法没有一成不变的，到了改建时期，由于院系调整和校区搬迁，学院事务纷繁复杂、困难重重，师生的思想多少会受到影响。为了及时地解决师生的思想问题，学院除了对思想政治工作内容及时进行增加外，还对思想政治工作方法进行了适时的调整。如调整典型对比教育法，开展群体典型教育，培养良好班风。哈军工在初步发展阶段，主要运用了以个人为典型的对比教育方法，但群体典型没有突出。在改建时期，为了进一步倡导全院师生学习毛泽东著作、走“又红又专”道路，全院上下形成了培养良好班风的热潮。通过经常表扬好人好事，开展群众性的批评与自我批评，树立各种典型，以典型引路，从而促进良好班风的形成。可以说，这是在原有典型对比教育的基础上，进一步细化此方法，以提升该方法的实效性。此外，哈军工还开展向雷锋同志学习、向好八连学习、向战斗英雄学习等一系列学习活动，进一步推动共产主义道德品质教育深入人心，以此来提升学员的道德素养。

概而言之，即使哈军工在分建、改建时期面临诸多困难，但思想政治工作没有因为困难重重而偏废，且取得了一定的成就。在突出强调“艰苦奋斗、自力更生、团结一致、勤俭办院”的思想政治教育的基础上，进一步明确了思想政治工作目标，全院上下努力拼搏、奋发图强，以艰苦创业的精神和开天辟地的干劲完成了分建、改建任务。

综上所述，哈军工全体师生员工在其独特的思想政治工作实践中，表现出了高度的思想政治觉悟，顾全大局，服从安排。实践表明，尽管哈军工的思想政治工作遭受诸多困难与挫折，历经坎坷，但总体来看，是不断完善、向前发展的。

第四章　哈军工思想政治工作实践

在马克思、恩格斯及毛泽东的思想政治工作理论指导下，在国际、国内政治经济形势的影响下，作为哈军工首任院长的陈赓，结合党和国家的思想政治工作方针政策，提出了诸多非常有价值的教育思想，并灵活运用了新中国成立初期党对知识分子开展思想政治教育的经验，为哈军工思想政治工作提供了方向保证和实践基础。陈赓在哈军工的思想政治工作实践以及专门的思想政治工作机构的设置成为哈军工思想政治工作顺利开展的关键和保障。之后，哈军工思想政治工作在学院分建、改建中曲折发展。在此基础上，为了更好地总结哈军工思想政治工作经验，需要具体分析哈军工思想政治工作的对象、目标、内容、方法及途径。

第一节　哈军工思想政治工作对象

思想政治工作就是做人的工作，主体是人，对象是人。哈军工思想政治工作对象作为哈军工思想政治工作体系的构成之一，对哈军工思想政治工作实践起着至关重要的作用。其主要包括学员群体（普通学员和干部子弟学员）、教师群体（老教授和青年教师）和其他群体（干部和教辅人员）三个部分。

一、普通学员和干部子弟组成的学员群体

哈军工思想政治工作的主要对象是哈军工学员。学员群体因哈军工的特殊背景而分为普通学员和干部子弟学员。哈军工严格的招生标准使普通学员并不“普通”。1952 年 11 月 24 日，中央军委在向全军下达的指示中强调：“为加速现代化国防军的建设，军委创办军事工程学院，培养各军兵种高级军事工程师和技术人员，决定从部队中抽调大学、专科以上理工科学生，对两

种抽调对象分别进行文化考试、政治审查和体格检查，一次是对高中毕业和大学肄业一、二年的人员，另一次是对大学肄业三年以上和大学毕业的人员，前者合格即录取为学员，后者合格即为助教。”① 为此，哈军工初期阶段的招生对象主要是经过战争锻炼与考验的部队干部和战士，以保送为主，而且多数是党团员。经过几年部队生活的磨炼，学员政治素质比较高、思想成熟，没当过兵的高中毕业生，暂时不考虑。虽然后期阶段招生对象为普通应届高中毕业生，但严格采取“提前选拔，参加考试，单独录取”② 的方式，面向军内、军外两条渠道，全国统一招生。可见，哈军工招收学员的标准极其严格，不论是保送生还是报考哈军工的学员都需要经过层层考查、层层筛选，必须具备较高水平的政治素养、优异的学习成绩和良好的身体状况，尤其是在政审方面，政治方面不合格的一律不录取。

经过几年的建设，哈军工已在军内外享有较高的声誉，许多党和国家、军队的高级干部子弟进入哈军工，一方面，支持哈军工办学，率先将自己的子女送到哈军工学习；另一方面，哈军工作为当时军事院校的佼佼者，一些高级干部也愿意将子女送到哈军工学习，而且很多子女更是将哈军工定为报考大学的首选目标。所以，干部子弟学员的数量逐年增多，成为哈军工学员群体的重要组成部分。根据史料统计，十大元帅中有七位元帅的子女，十大将中有六位大将的子女、亲属就读哈军工。据 1962 年秋的不完全统计，中央司长、局长，省级的部长、厅长，军队上校以上，地方 13 级以上的干部子弟有 470 人，占全院学员的 6.5%。因干部子弟学员与普通学员同吃同住同学习，他们的政治态度、政治观点、思想认识等对其他学员有着极大的影响。为此，做好他们的思想政治工作成为哈军工思想政治工作的重中之重。

二、老教授和青年教师组成的教师群体

哈军工的教师群体既是思想政治工作者，也是思想政治工作对象。老教授和青年教师组成哈军工教师群体，其中老教授主要由各高校选调的教授组

---

① 抽调 300 名助教及 1000 名学员的指示［A］. 1952－11－24. 国防科技大学档案馆馆藏.

② 关于军事工程学院 1962 年暑假招生工作的通知［A］. 1962－05－11. 国防科技大学档案馆馆藏.

成，青年教师主要由助教组成。清华大学校长梅贻琦曾说过：“所谓大学者，非谓有大楼之谓也，有大师之谓也。”为此，在组建教师队伍方面，哈军工院领导始终坚持“名师办名校”的办学理念，根据办学需要和学生需要，在全国各地，不拘一格，选调、选聘优秀教师。他们来自不同院校、部门，或曾留学于不同国家，个人素质高、能力强、眼界宽。但不可否认的是，这些教师在思想上存在一些问题。比如，没有树立起革命的人生观、抱有不情愿的思想等。因此，对他们开展思想政治工作，既关系到哈军工教师队伍整体的稳定和素质的提高，又关系到能否进一步做好学员的思想政治工作。

哈军工对老教授的划分强调的不是年纪上的“老”，而是资历上的“老”，他们大多数是中年教师，或来自名牌高校，或是海归学者，学术造诣深厚、业务能力出色。陈赓曾对第一政治处主任王序卿说：“要做好老教授的工作，使之成为终生为军事科学事业服务的专家”“要在思想进步的老教授中发展党员，让他们体会到党没有把他们当外人”。① 为此，哈军工院党委主张不要对老教授搞关门主义，要在政治上关心信任、工作中大胆使用、生活上多加照顾，从细节、从小事着手，不用部队式的管理方式去对待老教授，要求院领导结合业务、有分工地做知识分子工作。政治部力求尽快把老教授思想中的消极面转化为积极面，帮助他们过“三关”（山海关、家庭关、军队关）。在生活上，力求照顾周到，尽可能地解决老教授在生活上的困难，让他们没有后顾之忧；在政治上，信任老教授，找他们倾心谈话，让他们放下思想的重担；在工作上，尊重他们、信任他们、团结他们，让他们有职有权，大胆工作。可见，哈军工十分重视老教授的思想政治工作，从他们的实际问题入手，解决他们的思想问题。

哈军工的青年教师主要由助教组成，他们一部分是大学肄业三年以上和大学毕业的人员，一部分是已经在全国各个院校、部队、企事业单位工作的人员。哈军工遴选助教比学员更为严格，几乎是百里挑一，不但要求专业素质过硬，政治素养也必须过硬。尽管他们全是大学三年以上的学历，且参军后在基层工作，但是个别人的思想还是存在问题的。因此，做好他们的思想政治工作，促进其思想认识上的提升，意义重大，不仅可以使他们成为哈军

① 任学文. 哈军工［M］. 北京：红旗出版社，1993：114.

工老教授们的得力助手，还可以使他们成为教师队伍的生力军。

三、干部和教辅人员组成的其他群体

哈军工思想政治工作的对象除了学员群体和教师群体外，还包括其他群体，即哈军工的干部和教辅人员。他们既是哈军工思想政治工作者，又是哈军工思想政治工作的对象。哈军工的干部主要包括老干部和专科干部。老干部大多来自第二高级步兵学校和中国人民志愿军第三兵团，多数都参加过抗日战争、解放战争等，久经沙场，政治信仰坚定、思想觉悟较高。因此，注重团结是哈军工院党委对老干部的首个要求，多次强调老干部之间不要搞派别之分，要摒弃门户之见，要团结好专家教授，要谦虚谨慎，千万不可妄自尊大，以势压人。哈军工的专科干部主要来自部队，大多数都在部队当过兵，身体素质好、信仰坚定、政治觉悟高、道德品质好、组织性纪律性强。因此，哈军工在做干部们的思想政治工作时，一方面肯定他们的贡献，让他们清楚自己的重要性和存在价值；另一方面对他们提出殷切的希望，勉励他们用丰富的思想政治工作经验去做好学员的思想政治工作。哈军工的教辅人员主要指后勤人员，即医院、食堂的工作人员等。尽管他们只是从事服务工作，而且所占比例很小，但是与学员是有一定接触的，他们的言谈举止对学员的影响是潜移默化的，因此这些人员的影响不容小觑。通过定期给他们开会、做报告、讲形势，做好他们的思想政治工作，提高其思想政治素养，有助于推动哈军工思想政治工作的顺利开展。

通过以上论述可知，哈军工思想政治工作的对象都是千挑万选而来，其选拔标准和自身素养都呈现出与同期其他高校不一样的特点，最明显之处就是“严”和“高”。尽管如此，改进他们的思想政治工作却丝毫不敢大意。哈军工思想政治工作对象是哈军工思想政治工作的起点，对他们的特殊性、重要性的认识和重视，有助于思想政治工作任务的完成和思想政治工作目标的实现。

第二节　哈军工思想政治工作目标

思想政治工作目标是指一定时期内思想政治工作者的行为活动所要达到的结果，由多个目标组成。作为新中国历史上第一所综合性高等军事技术院校，哈军工创办的目的是为建设现代化国防、为各兵种培养技术人才。为此，哈军工的思想政治工作主要针对的是学员的思想政治教育，思想政治工作目标的确立以毛泽东为哈军工颁发的《训词》《关于执行教育任务中几个主要问题的决定》以及《第一学期教学计划说明》为客观依据，凝练出政治素养、思想素养、道德素养和军事素养四个方面具体的思想政治工作目标，并以此为引领开展了富有成效的思想政治工作。

一、政治素养强调信仰坚定、无限忠诚

哈军工作为中国共产党领导的高等军事技术院校，其思想政治工作应是以高规格培养学员的政治素养，这与哈军工人才培养目标相一致。1953 年 2 月，哈军工颁布了《关于执行教育任务中几个主要问题的决定》，规定了培养目标是培养“对党高度忠诚”“有高度的组织性、纪律性”“工作积极、英勇顽强”“精通技术”的军事工程师。① 此外，1954 年，哈军工在《第一学期教学计划说明》中，进一步明确培养目标：“必须是政治上坚定，无限忠于党和人民，忠于祖国，具有高度爱国主义和国际主义精神的军事工程师。”② 由人才培养目标可知，哈军工在设定思想政治工作目标时，将信仰坚定、无限忠诚的政治素养放在了首位，对学员的第一要求是政治素养过硬，因为在哈军工人看来，只有信仰坚定、无限忠诚才能成为合格的哈军工人。

人的信仰决定人的行动自觉，没有信仰就没有自觉。而忠诚作为行动自觉的表现之一，是建立在信仰坚定的基础之上的。因此，哈军工在确立政治素养目标时强调信仰坚定，是指哈军工学员必须坚定中国共产党的领导，坚

---

① 军事工程学院党委会关于执行教育任务中几个主要问题的决定［A］. 1953－02－21. 国防科技大学档案馆馆藏.

② 国防科技大学校史编审委员会. 国防科技大学校史［M］. 长沙：国防科技大学出版社，1993：25.

信共产主义和马克思主义，并以此作为他们的政治方向和世界观，作为毕生信仰且坚定不移；强调无限忠诚，是指哈军工学员在政治上必须无限忠诚，即对党无限忠诚、对祖国无限忠诚、对人民无限忠诚，将无条件忠于党、忠于祖国、忠于人民作为他们的政治责任和历史使命。

信仰问题虽然是价值观念的问题，但不是一般的价值观念问题，而是统摄整个价值观念的核心问题，因而也是世界观、人生观、价值观的集中体现。① 可见，哈军工培养学员信仰坚定、无限忠诚，究其根本是解决他们的“三观”问题。因此，为实现这一目标，哈军工要求思想政治工作者把马克思列宁主义、毛泽东思想作为基本的理论教育，向学员灌输、渗透，提升学员的政治意识，端正学员的政治态度。在基本理论灌输的同时，开展革命传统和革命精神教育，通过讲述革命烈士的光荣事迹、定期开展传统教育活动、请战斗英雄来学院做报告等多种形式，强化学员的忠诚意识。

二、思想素养强调志存高远、三观统一

思想是客观存在反映在人的意识中经过思维活动而产生的结果，是人类一切行为的基础。思想犹如一个人的灵魂，没有思想的人是可怕的。人需要思想来支撑，人因思想而伟大，人因思想而崇高。所以，具备良好的思想素养对于一个人来说至关重要。马克思和毛泽东对于世界观、人生观、价值观的认识为哈军工确立思想素养培养目标提供了丰富的理论源泉。马克思运用历史唯物主义观点指出共产主义是人类历史发展的未来，毛泽东认为共产主义是无产阶级的整个思想体系，是一种新的制度，是最完全、最进步、最革命、最合理的，唯物史观是我党的哲学根据。毛泽东在革命和建设过程中，始终提倡自我牺牲的精神、全心全意为人民服务的精神、艰苦奋斗的精神等，认为在利益面前，应兼顾国家、集体和个人的利益，不能将个人利益放在第一位，个人利益应服从民族和人民的利益。② 受这些观点影响，哈军工在开展思想政治工作时，必做之事即是引导学员树立人生的远大目标，将立志作为

① 荆学民．社会哲学视野：信仰的两大类型及其关系［J］．求是学刊，2004（1）：52－56.

② 刘慧，郑德荣．毛泽东的世界观人生观价值观形成的历史考察［J］．东北师大学报（哲学社会科学版），2008（2）：69－73.

必不可少的教育内容。因此，在培养学员思想素养方面，志存高远、三观统一成为哈军工的思想政治工作目标。

一个人想要成就一番事业，离不开志向的引导，只有立志坚定，并为之不懈努力，才可以实现自我价值。为此，哈军工在设置思想素养目标时，强调志存高远，是指从学员入学第一天起，就要让他们把国家需要、人民需要、国防需要和社会需要放在首位，引导学员树立人生目标和理想，教育他们立志做一名杰出的工程师、科学家、军事指挥员等；强调三观统一，是指培养学员的世界观、人生观和价值观相统一，即用马克思主义的立场、观点和方法对各种价值观念、社会思潮进行全面、客观、理性的分析，培养学员学习和独立思考的能力，学会客观分析和看待问题，逐步提高鉴别能力、分析问题和解决问题的能力。

培养学员在思想素养上的志存高远、三观统一，关键是要解决好世界观、人生观和价值观的问题，也就是三观教育要做到相一致。三观不统一或三观缺失，一定会产生信仰危机。哈军工的三观教育要求从关注学员的自我发展和解决其实际问题的需要出发，关注学员的人生价值、理想目标的确立和实现，特别是要关注学员的内心思想困惑和社会多元价值并存的现实。因此，为实现这一目标，哈军工通过开展以毛泽东《训词》为核心内容的思想教育，运用正规严格的军人养成教育方法，以及有目的性的社会教育和部队教育等，对学员进行经常性思想教育，潜移默化中帮助学员树立远大的理想和目标，树立正确的世界观、人生观、价值观，从而实现三观统一。

三、道德素养强调甘于奉献、服务人民

古语云：“道德不倡，天下不宁。”可见，道德对于一个民族、一个国家、一个社会的重要性。人的道德主要是指道德品质，是一个社会、一定阶段的道德原则和规范在个人思想与行为中的体现和凝结，是一个人在一系列道德行为中表现出来的比较稳定的特征和倾向，同时是一个人在处理自己和他人及社会、集体之间利益关系时所形成的道德行为习惯。① 毛泽东也曾指出，“从这点出发，就可以变为大有利于人民的人。一个人能力有大小，但只要有

① 张耀灿，郑永廷，吴潜涛，等. 现代思想政治教育学［M］. 北京：人民出版社，2006：155.

这点精神，就是一个高尚的人，一个纯粹的人，一个有道德的人，一个脱离了低级趣味的人，一个有益于人民的人”①，“我们应该谦虚，谨慎，戒骄，戒躁，全心全意地为中国人民服务”②，“一刻也不脱离群众；一切从人民的利益出发，而不是从个人或小集团的利益出发”③。基于这一思想，结合毛泽东为学院颁发的《训词》中提出的“保持和发扬中国人民解放军的光荣传统，特别是全心全意为人民服务的精神”，哈军工将培养学员具有甘于奉献、服务人民的道德素养作为思想政治工作的目标之一。

“君子之守，修其身而天下平”，良好的道德修养是一个人获得成功的基础，培养学员具有良好的道德素养是哈军工思想政治工作的目标之一。为此，哈军工在设置道德素养目标时，强调甘于奉献，是指培养学员乐于奉献、无私奉献的精神，教育学员用自己所学的知识和技能，心甘情愿、无怨无悔地为国家、为国防事业、为社会、为人民做出贡献，为富国强军、为现代化建设、为中华民族复兴奉献一切；强调服务人民，是指从学员入校第一天起，就培养他们全心全意为人民服务的意识，想人民之所想，急人民之所急，办人民之所需，一切为了人民，一切服务人民，要求学员把服务人民、造福百姓作为自己终身的义务和责任。

强调甘于奉献、服务人民，既是社会主义道德的根本要求，又是哈军工人才培养和思想政治工作的必然要求。因此，为实现这一目标，哈军工通过设定相关的思想政治工作内容培养学员甘于奉献、服务人民的意识，提升甘于奉献、为人民服务的思想境界，通过制定相应的人才培养方案培养学员甘于奉献、服务人民的能力，通过运用不同的思想政治工作方法和途径培养学员甘于奉献、服务人民的作风。此外，还要求作为思想政治工作者的学校领导们和教师们以无私奉献的精神和高尚的道德品格全心全意为学员服务，用他们的言传身教潜移默化地影响和熏陶学员，促进学员道德品质的提升。

四、军事素养强调服从命令、军人意志

哈军工作为军事院校，培养的是军事工程师，让其学员具备一定的军事

① 毛泽东．毛泽东选集：第2卷［M］．2版．北京：人民出版社，1991：6．
② 毛泽东．毛泽东选集：第3卷［M］．2版．北京：人民出版社，1991：1027．
③ 毛泽东．毛泽东选集：第3卷［M］．2版．北京：人民出版社，1991：6，1094－1095．

素养是必不可少的。马克思、恩格斯曾指出，“必须建立无产阶级专政，其首要条件就是无产阶级的大军”，指明了人民军队的根本性质。毛泽东发展了这一论断，提出“我们的原则是党指挥枪，而决不容许枪指挥党”，阐明了党对军队绝对领导的根本原则；马克思还指出，巴黎公社的委员们“是为了服务于组织在公社里的人民”，经过实践和发展，毛泽东将这一基本思想深刻阐述为：“紧紧地和中国人民站在一起，全心全意地为中国人民服务，就是这个军队的唯一的宗旨”，确立了人民军队“全心全意为人民服务”的根本宗旨，之后又将这一宗旨写入党章，作为中国共产党的根本宗旨。解放战争时期，毛泽东还特别强调了部队思想政治工作的重要地位和作用，指出“人民解放军建立了自己的强有力的革命的政治工作，这是我们战胜敌人的重大因素”。党绝对领导军队的根本原则和全心全意为人民服务的根本宗旨，是我军的两大光荣革命传统，哈军工创办后，毛泽东在《训词》中特别强调，“必须充分注意”“一刻也不可忘记保持和发扬人民解放军光荣传统”，为哈军工确立思想政治工作目标提供了方向保证。

具备一定的军事素养对于一名军人而言必不可少，也至关重要。强健的体魄、坚强的意志、言行举止要处处体现出军人的风范，是哈军工对学员军事素养的基本要求。为此，哈军工在设置军事素养目标时，强调服从命令，是指学员从入学第一天起，就必须时刻不能忘记自己军人的身份，坚决服从国家和上级下达的各种命令，而且毫无怨言，听从指挥，服从分配。强调军人意志，是指培养学员具有坚强的意志力，必须不怕牺牲，勇于拼搏，养成坚忍不拔、藐视一切困难的钢铁般的意志力；培养学员为祖国奉献的意志，时刻铭记要终生为国家奉献自己的青春和热血，甚至于生命；培养学员超凡的自制力、顽强进取和不屈不挠的精神、保家卫国的责任心等。

哈军工认为要培养学员的军人意志，正面的引导教育和严格的实践养成教育是关键。只有通过一系列正面的引导教育和严格的实践养成教育，才能铸就学员强大的内心，才能实现学员军事素养上的合格。因此，为实现这一目标，通过教育内容的设定强化学员军人思想意识教育；通过言传身教、常规教育、入伍教育、野营教育等，培养学员意志的坚毅性、自觉性、果断性、独立性和自制性；通过部队实习锻炼，增强学员的组织性、纪律性，进一步升华理想信念和锤炼意志品格。

通过以上论述可知，哈军工思想政治工作目标的确立，一方面以马克思列宁主义、毛泽东思想，以及党和国家的方针政策为理论根据；另一方面以哈军工各项条例、规定、制度为现实论据。在具体设置过程中，分别从政治素养、思想素养、道德素养、军事素养四个方面提出了对学员的培养要求。其中，政治素养目标为哈军工思想政治工作的核心目标，其他三个素养目标围绕此目标设置，以促进学员坚定政治信仰。此外，四个目标的培养要求为哈军工将学员培养成“又红又专”、德智体军全面发展的人才奠定了思想基础。

第三节　哈军工思想政治工作内容

教育内容的设置是思想政治工作的核心问题之一。从思想政治工作的实施来看，内容决定了思想政治工作的价值取向。哈军工思想政治工作者以马克思主义、毛泽东思想为指导思想，以《训词》、教育教学工作计划等为根本要求，围绕思想政治工作目标，设置了以“马克思列宁主义、毛泽东思想”为核心的基本理论教育、以“毛泽东《训词》”为核心的理想信念教育、以“全心全意为人民服务”为核心的道德品质教育、以“忠诚奉献”为核心的军人使命教育四个方面的教育内容。

一、以“马克思列宁主义、毛泽东思想”为核心的基本理论教育

为了更好地实现思想政治工作目标中的政治素养目标，哈军工思想政治工作者在确立具体的教育内容时，设置了以“马克思列宁主义、毛泽东思想”为核心的基本理论教育。马克思列宁主义、毛泽东思想是中国共产党开展思想政治工作最基本的政治理论。马克思主义为我们认识世界和改造世界提供了科学的世界观和方法论。中国共产党人将马克思主义立场、观点及方法运用到中国革命和建设的不同历史阶段，实现了马克思主义的中国化。而毛泽东思想作为马克思主义中国化的理论成果，指导着中国革命和建设，是社会主义中国建立的思想政治基础。因此，哈军工针对学员开展了以“马克思列

宁主义、毛泽东思想”为核心的基本理论教育，培养学员坚定的马克思主义信仰、坚定的共产主义信仰，强化他们对中国共产党无限忠诚的意识。

哈军工对学员进行的马克思列宁主义教育，主要通过常态化的政治理论课教育来实现。政治部下属的政治教授会请专业的政治课教师讲授马克思列宁主义基本理论课，即马克思主义哲学、政治经济学和中共党史。这三门课的开设是按照马克思主义三个组成部分设置的，其中辩证唯物主义和历史唯物主义这两部分内容包含在马克思主义哲学部分。中共党史课的教学重点是科学社会主义理论在中国革命和社会主义建设中的具体运用。三门政治理论课的教学目的，是在学制年限之内，有计划地向学员进行马克思列宁主义基本理论的系统灌输，帮助学员树立劳动观点、群众观点、阶级和阶级斗争观点及辩证观点，了解社会发展规律，奠定革命世界观和人生观的基础①。除了对学员进行马克思列宁主义基本理论教育外，毛泽东思想也是基本理论教育的一部分。对毛泽东思想的学习，主要是通过学习毛泽东著作，如《矛盾论》《实践论》等。教师学习毛泽东著作，用毛泽东思想指导革命世界观和革命人生观的树立，解决工作中遇到的各种思想问题和实际问题；学员学习毛泽东著作，自觉用毛泽东的哲学思想指导业务学习，写心得体会，学员间互相交流学习经验，用共产主义方式处理学习和生活中的问题。通过基本理论的灌输学习，学员既夯实了已有的理论基础，又进一步提升了政治素养。

二、以“毛泽东《训词》”为核心的理想信念教育

为了更好地实现思想政治工作目标中的思想素养目标，哈军工思想政治工作者在确立具体的教育内容时，设置了以“毛泽东《训词》”为核心的理想信念教育。哈军工的创办得到了毛泽东的大力支持和深切关怀，并于1953年8月26日，亲自为哈军工颁发《训词》。尽管《训词》篇幅短小，却向世人阐明了创办哈军工的意义、目的，培养的使命任务，办学思路，办学宗旨等，内涵极其丰富。对于刚刚跨入哈军工校门的学员来说，这里的生活既新鲜又陌生，既充满机遇又富有挑战。同时，他们还面临着由中学生向大学生的角色转换问题，思想上必然会有所波动，从而导致理想信念不稳定。因此，

---

① 任学文. 永远的“哈军工”[M]. 长沙：国防科技大学出版社，2003：104.

对学员进行明确的理想信念教育十分有必要，而《训词》是其教育的重点。以《训词》为核心的理想信念教育，有助于学员进一步明确学习目标、端正学习态度，对全体师生员工了解哈军工、走进哈军工、融入哈军工有着重要意义。

哈军工的理想信念教育不同于其他院校泛泛的思想教育，它有明确的目标引领，即毛泽东为哈军工颁发的546个字的《训词》。它所带给学员的强烈自豪感、光荣感和使命感，是其他任何一所院校都无法给予的。为此，哈军工院党委将《训词》视为传家宝，将其作为哈军工办学治院的指导方针和根本遵循，同时也将其作为哈军工开展思想政治工作的总纲领。所以，要求哈军工的全体师生员工必须认真学习并熟记于心，深刻领会其内涵和意义。每年新生入校，学员必须在专科干部的带领下学习和熟记《训词》内容，而且不是简单的学习和记忆，还要写学习体会、发表学习感想。一方面，引导新学员清楚来哈军工求学的目的，立下远大的志向；另一方面，坚定老学员的理想信念，进一步提升其思想境界。哈军工明确要求对《训词》的学习必须贯穿学员整个学习过程，从而使哈军工大部分学员能始终坚定理想信念。此外，政治部还组织全院教职员工反复学习，不断地领会其深层要义和精神，以统一思想和行动，促进思想素质的整体提升。

三、以“全心全意为人民服务”为核心的道德品质教育

为了更好地实现思想政治工作目标中的道德素养目标，哈军工思想政治工作者在确立具体的教育内容时，设置了以“全心全意为人民服务”为核心的道德品质教育。毛泽东思想的精髓是人民至上，人民的利益高于一切，“全心全意地为人民服务，一刻也不脱离群众；一切从人民的利益出发，而不是从个人或小集团的利益出发；向人民负责和向党的领导机关负责的一致性”①。全心全意为人民服务是中国共产党人的最终目的和根本宗旨。“保持和发扬中国人民解放军的光荣传统，特别是全心全意为人民服务的精神和自我牺牲的英雄气概，这在你们的学院，是和全军一样，必须充分领会和一刻也不可忘记的。”这是毛泽东为哈军工颁发的《训词》中对这一思想的明确论

---

① 毛泽东．毛泽东选集：第3卷［M］．2版．北京：人民出版社，1991：1094－1095.

述。因此，院领导要求每一位哈军工人必须坚定全心全意为人民服务的信念，牢记全心全意为人民服务的使命。

道德品质教育，即有目的地对受教育者施以道德影响的活动，促进他们的道德品质发展。哈军工对全体师生员工开展全心全意为人民服务的道德教育，主要是根据他们道德品质形成的特点和实际状况，采取正确疏导的方针，通过基本的政治理论课的讲授，让师生员工清楚地了解全心全意为人民服务的内涵，包括为人民服务是马克思历史唯物主义的基本观点、全心全意为人民服务是党的根本宗旨等；通过榜样激励与舆论宣传相结合的方法，在培养师生员工道德行为习惯时，强化其全心全意为人民服务的意识，提高其全心全意为人民服务的觉悟，一切言行都要从人民的利益出发，个人利益服从人民利益，处处为人民谋利益；通过社会教育等广泛途径，贯彻相信人民群众、依靠人民群众、尊重人民群众、密切联系人民群众的思想。这样的道德教育目的是提高全体师生员工全心全意为人民服务的认识、确立其全心全意为人民服务的信念和培养其为人民服务的行为习惯，最终实现道德素养上甘于奉献、服务人民。此外，道德品质教育融合了政治教育和思想教育的内容，更有助于学员道德品质的提升。

四、以“忠诚奉献”为核心的军人使命教育

为了更好地实现思想政治工作目标中的军事素养目标，哈军工思想政治工作者在确立具体的教育内容时，设置了以“忠诚奉献”为核心的军人使命教育。哈军工作为军事院校，创办的目的和意义十分明确，即为了建设现代化的国防，培养过硬的军事工程技术人才。可见，学员的身份是双重的，即学生和士兵。为此，在对学员进行普遍性教育的同时，还需对他们进行必要的军事教育。目的是培养学员强健的身体素质、过硬的军事本领、坚强的军人意志及牢固的军人使命。哈军工人属于祖国，祖国赋予哈军工人以神圣的使命。哈军工人与使命同在，哈军工人因履行使命而展现自我价值。哈军工思想政治工作内容中的军人使命教育强调以忠诚奉献为核心，明确哈军工人肩负的历史使命，即在思想上，对党无限忠诚、对祖国无限忠诚、对人民无限忠诚；在行动上，用自己所学的知识和技术，为祖国、为人民、为建设现

代化国防奉献终生。

哈军工开展以“忠诚奉献”为核心的军人使命教育的内容主要是革命传统教育、革命精神教育和“三严”作风教育等。哈军工的革命传统和革命精神教育是指用中国共产党在长期的革命斗争中形成的优良传统，对全体师生员工，特别是学员进行教育，使受教育者切身感受到无产阶级在革命斗争中形成的优良传统和优良作风，促进其道德素养的提高。通过院领导和老干部为师生做报告，讲党的优良传统；每逢革命节日，举行传统教育报告会；每个学期，请战斗英雄、劳动模范来学院做报告等具体的实践形式，来开展革命传统教育和革命精神教育，这些方式方法对继承和发扬我党我军的光荣革命传统起了重要作用，为进一步明确军人的使命具有重要意义。“三严”作风教育，即贯彻学习严格、严谨、严密的工作作风。一方面，通过军事化的正规教育，规范学员的日常行为，要求学员以军人标准严格要求自己。另一方面，要求学员定期去部队实习锻炼，强化学员的军人意志，提升学员的军人素养，使其进一步理解忠诚奉献的意义。此外，在军人使命教育内容中适当融合一定的德育和体育的内容，既令军事教育不枯燥，又可促进思想政治工作目标顺利实现。

通过以上论述可知，哈军工思想政治工作内容主要围绕哈军工思想政治工作目标而设置，是促进思想政治工作目标实现的客观需要。在具体设置过程中，分别从基本理论教育、理想信念教育、道德品质教育、军人使命教育四个方面对学员进行教育。但是，所有的教育内容不是孤立的，针对教育内容所采取的教育方法和途径也不是单一的，各种教育内容的充分融合令哈军工思想政治工作效果显著。

第四节　哈军工思想政治工作方法

思想政治工作方法对于实现思想政治工作目标、完成思想政治工作任务及增强思想政治工作实效性具有重要意义。因此，哈军工十分注重思想政治工作方法的研究和运用，以培养“又红又专”、德智体军全面发展的高素质学员为思想政治工作目标，在思想政治工作方法上坚持灌输教育与渗透教育、层次性教育与阶段性教育、典型对比教育与舆论宣传教育的统一，注重各种方法的灵活运用，提高了哈军工思想政治工作的针对性和实效性，取得了实实在在的效果。

一、灌输教育与渗透教育统一

哈军工的思想政治工作，既注重灌输教育的运用，又注重渗透教育的运用，坚持灌输教育与渗透教育相统一，即在向哈军工全体师生员工灌输政治理论、时事政策、革命传统等主要内容的过程中，通过各种形式渗透教育理念、工作理念，潜移默化影响师生员工，进一步促进他们信仰的坚定、思想的升华、意识的提升、观念的转变，从而推进哈军工思想政治工作的开展。

哈军工的灌输教育体现在向学员系统地“灌输马克思列宁主义、毛泽东思想，转变学员的世界观，提高学员分析问题和解决问题的能力”①。政治理论课教育是哈军工灌输教育的主要形式，在教学计划总学时中的比重占10%左右。马克思列宁主义基础、中共党史、政治经济学和政治工作四门课是哈军工政治理论教育课程，同时，根据形势和任务的需要，在课程中穿插时事和党的路线、方针、政策教育。此外，还对学员开展其他形式的灌输教育，党课、团课、革命传统教育、革命精神教育，等等。最终目的是完全一致的，使学员坚定政治信仰、端正政治态度、提升政治觉悟，树立革命的世界观和革命的人生观。对于哈军工的干部和教师的灌输教育，主要是“通过组织讲课、请领导和知名人士做报告等方式，进行劳动观点、群众观点、组织观念、爱国主义和国际主义的思想理论和时事政策”② 的灌输，以提高干部、教师的政治素养和思想素养。对干部、教师中的党员，主要采取每月至少上一次党课的方式进行中共党史、科学社会主义、历史唯物主义、辩证唯物主义、苏共党史等政治思想理论的灌输教育。可见，哈军工的灌输教育不是简单的硬性灌输，而是在灌输教育理念上不断地更新、灌输教育内容上不断地丰富、灌输教育形式和方法上不断地创新。

---

① 国防科技大学校史编审委员会. 国防科技大学校史［M］. 长沙：国防科技大学出版社，1993：43.

② 国防科技大学校史编审委员会. 国防科技大学校史［M］. 长沙：国防科技大学出版社，1993：84.

哈军工思想政治工作在实施灌输教育时，融入渗透教育，夯实了学员的思想基础，强化了学员的政治意识。领导做报告是哈军工渗透教育的重要形式。一是哈军工领导不定期为师生员工做报告。陈赓从哈军工筹建之时，就开了个好头，为干部、教师、学员做报告，讲形势、讲政策、谈方法，从理念上对全院的师生进行有意识的思想渗透。陈赓在讲到向苏联专家学习的问题时强调："要学习苏联红军正规化、现代化建设的好经验，要拜苏联专家为师，不卑不亢，尊重他们，信任他们"，这既是陈赓要求哈军工人向苏联学习时应有的态度，又是向哈军工人渗透作为中国人应保持的气节与风度。在谈到知识分子政策时强调："要看到自己的'二万五'，也要看到人家的十年寒窗苦……我们要办好军事工程学院，完成党中央、毛主席交给我们这个光荣的任务，既要依靠老教授，也要依靠老干部……我们的口号是'两老办院'，为教学服务，为教好学员服务。要时刻注重讲团结、讲友爱，大家要齐心协力，团结建院。"① 这是陈赓向哈军工人渗透"两老办院"、团结建院的工作理念。自此，院领导为师生员工做报告成为哈军工思想政治工作的重要方法。二是中央和军委领导来哈军工视察，大多会为师生员工做报告。例如，1953年6月，秦基伟受陈赓院长邀请来哈军工为教职员工和学员们做报告，主要是将上甘岭战役的真实情况，以讲故事的方式告诉大家。讲到了舍生取义的黄继光、邱少云，对全体师生进行了一次生动形象的爱国主义和革命英雄主义的教育，对干部、教师、学员的思想进步以及革命人生观的树立产生了深刻的影响。再如，1963年，陈毅来哈军工视察，在军工操场为全体学员做了一场生动的报告。他对学员提出了殷切的希望，"青年人一切要靠党、靠组织、靠我们自己。要工作好、学习好、身体好，要在中国成为一个很有用的人。你们要超过我们前辈，接受这个挑战！你们要在前人的基础上，创造性地发展，从尖端走向更高的尖端！"② 陈毅的报告引起了学员们的深入思考，许多学员的思想境界得到进一步升华。这些领导的报告，潜移默化地使师生员工的思想受到涵养，态度发生转变。

可见，在哈军工思想政治工作实践中，灌输教育与渗透教育都发挥了重

---

① 李懋之．陈赓大将创建哈军工［M］．哈尔滨：黑龙江人民出版社，2003：39－44．

② 陈毅元帅在军工的报告记录［A］．1964－06．国防科技大学档案馆馆藏．

要的作用。二者相统一较好地解决了传统灌输教育的诸多不足，为灌输教育注入了更多的活力，促进了哈军工思想政治工作实效性的提高。

二、层次性教育与阶段性教育统一

针对哈军工学员的个性特点以及学院自身条件和特点，哈军工思想政治教育工作者经过一个工作循环的实践，总结摸索出一整套行之有效的程式和方法，即坚持层次性教育与阶段性教育的统一，将学员的整个学习期间分成若干个层次，在此基础上以学期为单位，将一个学期分成若干个阶段，根据不同层次、不同阶段的思想政治工作任务，确立不同的思想政治工作目标、设置不同的思想政治工作内容、采取不同的思想政治工作方法、拓展不同的思想政治工作途径，强化对学员的政治教育与思想引导。

哈军工的思想政治工作主要针对的是学员的思想政治教育，为此，层次性教育首先是将学员的五年学习时间分成预科层次、入学层次、学习层次和毕业层次等四个层次。在不同的层次，再进行学员分层、目标分层、内容分层及方法分层。预科层次的思想政治工作主要针对刚入学的学员，目标是做好新生从中学生到大学生的思想过渡工作，内容以入学思想教育和适应性教育为主，方法倾向于理性灌输；入学层次的思想政治工作主要针对一年级学员，目标是帮助他们确立远大理想和目标，对他们进行强化适应性教育和养成教育，工作方法侧重于感性引导；学习层次的思想政治工作主要针对的是二、三年级学员，目标是巩固前期思想政治工作成果，继续加强对学员的政治教育、思想培养，引导他们进行自我教育、互相教育，进一步完善知识结构，培养多方面技能，工作方法侧重于疏导教育；毕业层次的思想政治工作主要针对四、五年级学员，目标是完成“毕业政治答辩”，做好学员服从国家分配的思想工作，主要内容是开展听党指挥的教育、为人民服务的教育、艰苦奋斗的教育、以国家利益和集体利益为重的教育、适应社会的教育等，工作方法更倾向于理论与实践的结合。

但与此同时，哈军工思想政治工作者在层次性教育过程中，在不同的层次又融入了阶段性教育，按照教学过程和教学要求，将一个学期分成四个思想政治教育工作阶段：第一阶段是学期开始前后的 4 到 6 周，中心任务是了解学员的思想情况，安定他们的思想情绪，建立党、团、班级组织，传达教育计划，解决他们的专业思想问题，端正他们的学习态度；第二阶段是开学后的第二个月到复习考试前，这是完成教育计划的决定性阶段，保证教育计划有序实施是其中心任务，对学员主要是开展与教学方式相适应的政治教育和思想教育；第三阶段是停课后的复习考试阶段，中心任务是保证学员按计划、系统而又有重点地复习、消化一学期所学课程内容，通过考试检验知识掌握的程度和教学质量的高低，系和专科干部、任课教师都到班级掌握学员复习情况，指导学员制订切合自己实际的复习计划，依靠党、团、班级组织及时了解学员思想情绪的变化，纠正不正确的想法和做法，采取各种方式帮助学员（尤其是学习有困难的学员）解决疑难问题，保证学员的复习时间不被侵占；第四阶段是假期，中心任务是保证学员能在参加社会实践、扩大眼界、增长见闻中得到休息。此外，除了固定的这四个阶段，主要做学员思想政治工作的专科干部还会根据其他的教学环节，安排相应的思想政治工作①。

可见，层次性教育中包含了阶段性教育，阶段性教育又融入了层次性教育，二者统一为一个整体，同向并行，充分照顾了学员的个性特点和发展差异，有针对性地解决了不同层次、不同阶段的学员思想问题，易被学员所接受。一方面，克服了以往思想政治工作的生硬、乏力；另一方面，不同程度地消解了影响思想政治工作效果的各种因素，为最终实现思想政治工作目标奠定了坚实的基础。

三、典型对比教育与舆论宣传教育统一

为了进一步提高学员的政治素养、思想素养、道德素养和军事素养，哈军工思想政治工作坚持典型对比教育与舆论宣传教育相统一，即在学院内外寻找各种典型，通过典型的人物或者事物进行对比示范教育，引导学员分析和解释典型事物或现象，并辅以各种形式的舆论工具宣传典型，二者并行实施，使学员加深对典型事物或现象的深入了解，促进学员学习或吸取教训，从而达到提高思想认识、提升道德修养的目的。典型对比法因其具有形象、生动、具体等特点，并富有较强的感染性和易接受性，成为哈军工思想政治

① 任学文. 永远的“哈军工”［M］. 长沙：国防科技大学出版社，2003：164.

工作的主要方法之一。哈军工树立的典型既可以是典型的人物，也可以是典型的事物；既可以是正面的典型，也可以是反面的典型。同时，院党委提出典型可以在学院内外寻找，但一定要形成对比，切忌只是简单寻找典型，而不进行对比教育。要求必须充分利用学院里的各种舆论工具，如《工学》报、军工广播站、班级黑板报、各种条幅、标语等，大力宣传典型，使全体师生员工皆知，耳闻目睹，造成一种宣传攻势。

哈军工思想政治工作始终坚持典型对比教育与舆论宣传教育的统一，在其具体运用时，通过在学院内树立正面的、积极的典型个人或群体，以他们为榜样示范，实现对师生的思想促进，以便于更好地实现思想政治工作的目标。正面典型对比教育又可以分为正面典型个人教育和正面典型群体教育。例如，树教师典型和树学员典型，在教师和学员中寻找优秀典型个人，总结他们的光荣事迹和学习经验，通过校报宣传推广或编排成舞台剧，引起全院师生员工的共鸣。再如，树班级典型，在各个系里寻找由落后变先进的优秀班集体，深入挖掘这个班级的成长历程，总结其经验，并在各个系传扬，使全院各班级形成一种积极向上、比学赶帮的良好氛围。除了运用正面典型对比教育外，哈军工的思想政治工作还巧妙地运用了反面典型对比教育，通过树立反面典型，形成强烈而鲜明的对比，达到深化思想教育的目的。譬如，树反面干部子弟典型，通过召开干部大会和全院干部子弟所在的学员队的党员会议，由调查此事件的领导做报告，并同干部、学员座谈讨论，最终形成学院文件，以此为所有的师生员工敲响思想上和政治上的警钟。

哈军工思想政治工作通过树立这些典型人物或事物，总结其优秀经验或宣传其恶劣事例，形成对比教育，较好地提升了思想政治工作的效果。通过树教师典型张金槐，政治部总结出“张金槐八点教学方法”① 并在学院内推广，改善了学院的教育作风，从而使教师做思想政治工作的主导性得以提升；通过树学员典型谭国玉，展现了只有初中文化的工农兵子弟逐渐成长为一代国防将军，由最初考试的门门“烧饼”到后来的全5分，并获得在军旗前照相的荣誉（对优秀学生的最高奖励）②，对学习落后和思想落后的学员产生良

① 《工学》［A］. 1964－04－09. 国防科技大学档案馆馆藏.

② 滕叙兖. 哈军工传：上卷［M］. 长沙：湖南科学技术出版社，2006：328.

好的示范、带动和导向作用，使他们有了对比的目标和努力的方向，有助于提升学员的思想素质和道德素质；通过树班级典型空军工程系 59 – 111 班①，展现了其由全年级最差变为全院最好，使全院各班级形成一种比学赶帮、积极向上的良好班风，好的班风有利于形成好的学风，进而带动学员全面素质的提高；等等。

哈军工思想政治工作坚持典型对比教育与舆论宣传教育的统一，注重深入实际、发现典型，推广典型时力戒浮夸，教育师生正确对待典型，利用典型宣传调动和发挥师生的积极性与创造性，提高全体师生的思想认识，最终促进思想政治工作目标的实现和思想政治工作任务的完成。

通过以上论述可知，哈军工思想政治工作方法注重多种方法的结合运用，坚持灌输教育与渗透教育的统一、层次性教育与阶段性教育的统一、典型对比教育与舆论宣传教育的统一，既体现出一定的针对性，又体现出强烈的目的性，远胜于各种工作方法的单独实施，对哈军工思想政治工作目标的实现以及思想政治工作内容的落实有着极大的保障和促进作用。

第五节　哈军工思想政治工作途径

哈军工思想政治工作不仅有行之有效的方法，还有其自身的实现途径。为了确保实现和完成既定的思想政治工作目标和工作任务，哈军工在思想政治工作途径方面，注重学校教育与典型家庭教育结合、野营教育与部队教育结合、课堂教育与实践教育结合，通过这三种途径开展思想政治工作，取得了较好的实践效果。

一、学校教育与典型家庭教育结合

学校思想政治教育作为哈军工思想政治工作的基本途径，对哈军工培养政治素养、思想素养、道德素养和军事素养过硬的人才起着牢筑基础的作用。而家庭思想政治教育作为学校思想政治教育的重要补充，对学员的身心成长

① 《工学》[A]. 1963 – 09 – 18. 国防科技大学档案馆馆藏.

起着尤为关键的作用。据史料统计，高干子弟学员占全院学员的6.5%①，借鉴他们的家庭思想政治教育，并将其与学校思想政治教育相结合，成为哈军工思想政治工作途径拓展的一个重要方向。哈军工思想政治工作注重学校思想政治教育与典型家庭思想政治教育相结合，即在学校思想政治教育的不同阶段，将个别干部子弟学员的家庭思想政治教育方式、方法作为典型案例穿插在学校思想政治教育过程中。学校思想政治教育和典型家庭思想政治教育相互结合、相互支持，二者形成教育合力，促进学员思想素养、政治素养及道德素养的健康发展。哈军工对学员进行系统的学校思想政治教育主要分为预科阶段的思想政治教育、学习阶段的思想政治教育、实习阶段的思想政治教育和毕业阶段的思想政治教育。在四个不同阶段的教育过程中，穿插干部子弟学员的家风、家书教育，是将二者相结合的具体表现。

首先，为了保证教育目标的顺利实现，更好地解决学员的入学思想问题，坚定学员的政治信仰，学院党委决定为刚入哈军工的新学员进行预科阶段的思想政治教育。一方面，有计划地对新生加强政治、思想和军事三个方面的训练，然后进行政治条件的复审和政治理论的考试，合格后政治部还针对学员的思想问题做分系动员报告，向学员介绍各个系、专业的性质、任务及其对国防现代化建设的意义，指出革命者的志愿应以革命的需要为前提，号召学员以国防建设的大局为重，无条件地服从组织分配。另一方面，因干部子弟学员受其家庭政治熏陶影响较深，一般政治敏感度强，思想、觉悟要比其他学员高，让他们快速融入集体，多与新学员一起学习、交流，在政治素养和思想素养上为新学员起模范带头作用。通过对哈军工学员进行为期一年的预科阶段思想政治教育与典型家庭思想政治教育的结合式教育，学员的政治信仰得以坚定、忠诚意识得以牢铸，学员从普通的社会青年变为具有一定军事素养和政治觉悟的革命军人，学员的思想道德素质从整体上得到提高，为顺利实现思想政治工作目标创造了有利条件。

其次，为了让学员掌握更多的基本理论，进一步坚定他们的政治信仰，提高他们的思想素质和道德品质，哈军工注重对学员开展目标明确、时间固定的学习阶段思想政治教育。一方面，以学期为节点，开展分阶段、分层次

---

① 滕叙兖. 哈军工传：下卷［M］. 长沙：湖南科学技术出版社，2006：701.

的思想政治工作，其内容主要是基本的政治理论以及革命传统和革命精神教育。另一方面，在学习重要阶段上结合个别干部子弟家长写给他们的家书，以促进思想政治工作效果的提升，例如，陈毅写给儿子陈丹淮的《示儿诗》："人民培养汝，一切为人民。革命重坚定，永作座右铭"。又如，罗荣桓写给儿子罗东进的家书："学习专业与学习政治相结合，政治是确定方向，没有方向的航行，是会误入迷途的。遵守军事纪律，养成大无畏精神"，"对同志应是互相信任的，是互相听取不同的意见，决不能只相信自己，不相信人家，排斥人家意见。同志们有错误，不仅要批评，还着重在帮助改正"。[①] 这不仅仅是父亲教育儿子的家书，更是关于思想政治工作的历史文献，对哈军工开展思想政治工作有着重要的影响。这些家书在哈军工广泛流传，学员们课下学习、讨论、写感想，家书教育成为哈军工开展思想政治工作特有的形式。通过三到四年思想政治教育与典型家庭思想政治教育的结合，绝大部分学员树立了正确的革命世界观，服务人民、献身国防的使命信念得到强化，能够更好地运用马克思主义唯物世界观分析问题和解决问题，认识世界和改造世界的能力得到提高。

再次，为了进一步巩固学员在预科阶段和学习阶段收获的思想政治工作成果，夯实他们的思想基础，达到思想政治工作目标的要求，哈军工对学员开展有针对性的实习阶段思想政治教育。一方面，在学员实习前，进行政治动员，提出口号，鼓舞学员士气，增强学员学以致用的信心，在学员实习中，鼓励学员以我为主、大胆创新，尝试独立进行生产制造和国防科学技术的研究设计工作，培养学员兢兢业业、无私奉献、争当无名英雄的精神，在学员实习后，总结实习经验，交流实习思想。另一方面，由于实习阶段比较艰苦，很多学员在思想认识上出现大的波动，尤其个别干部子弟的家长过于宠溺自己的孩子，多给他们寄钱寄物，还有的干部子弟回去不反映学院真实情况，回学院也不反映家庭对他们的要求等，学院借此机会先与学员家长取得联系，向家长介绍其子女的思想、学习情况，要求家长对子女进行教育和鼓励，然后再对这样的干部子弟进行正面教育和个别教育，指出其缺点，告诉其改正办法，让其他学员引以为戒。通过实习阶段思想政治教育与典型家庭思想政

① 滕叙兖．哈军工传：下卷［M］．长沙：湖南科学技术出版社，2006：766，769，771．

治教育的结合，学员既开阔了眼界、夯实了专业基础，又增强了实践动手能力；经过社会历练和部队锻炼后，学员的思想认识得到进一步的提高，政治觉悟得到了提升，对军人使命的理解更加深刻，军人意志也得到了增强。

最后，为了彻底实现学员在政治素养、思想素养、道德素养和军事素养方面的教育目标，哈军工在学员毕业前并没有放松对他们的思想政治教育，而是在学员离校之前，更加注重对其进行有计划、有组织、有目标的毕业阶段思想政治教育。一方面，以班为单位，采取个人思考、全班集体讨论的形式，全面回顾四到五年时间中学院的教学、科研、政工、管理、后勤等各项工作的优点、缺点，提出改进工作、进一步办好学院的建议，写出书面材料，作为对学校的临别赠言，也被称作“政治上的毕业答辩”。另一方面，借鉴个别干部子弟回家接受完家风教育后的分享，强化这一阶段的思想政治教育，如毛泽东同志对侄子毛远新的当好“接班人”的教育，“要为人民服务，要团结多数人，要搞民主集中制，不能一个说了算，要有自我批评，要谦虚谨慎……”① 毕业阶段的思想政治教育是学员离校前的最后一次思想政治教育工作，它对学员走向工作岗位，投入社会建设能否继续保持正确的政治方向起到至关重要的作用。毕业阶段思想政治教育与典型家庭思想政治教育的结合，使学员的政治素养更加坚定、思想素养更加进步、道德素养更加优秀、军事素养更加完备，为其顺利走向工作岗位做好最后的冲刺。

综上所述，哈军工在学校思想政治教育过程中，融入典型家庭思想政治教育，二者形成教育合力，进一步优化了哈军工的育人环境，一方面巩固了学校思想政治工作的成果，另一方面弥补了学校思想政治工作存在的缺陷和不足，有助于哈军工思想政治工作的顺利开展。

二、野营教育与部队教育结合

为了更好地实现思想政治工作目标和完成思想政治工作任务，作为军事院校的哈军工既注重发挥野营教育的作用，又注重发挥部队教育的作用，强调野营教育与部队教育的结合，即在学员的入学阶段和每年暑假，对学员开

① 毛主席与毛远新同志谈话纪要［A］. 国防科委文件（64）第18号，1964. 国防科技大学档案馆馆藏.

展入伍教育和野营训练，之后在学员的不同学习阶段，要求学员去部队见习锻炼，通过二者的有效结合，坚定学员的政治信仰、增强学员的政治敏锐性，引导学员树立革命世界观和革命人生观。

野营教育作为哈军工思想政治工作的重要途径，是哈军工整个教育教学计划的重要组成部分，由入伍教育和野营训练组成。哈军工的入伍教育主要是针对预科学员，从学员入校第一天起，以三个月为期限，前两个月在校内进行，主要学习基本的军事理论课和政治理论课，强化对学员的军事生活养成教育，第三个月，组织学员到校外野营场进行实弹演习，使学员得到近似实战的体会，锻炼学员吃苦耐劳、不惧生死的革命精神。三个月的入伍教育，让一个普通中学生转变成正规的革命军人，实现从思想上真正入伍。① 野营训练通常安排在每年暑假，因专业不同，野营训练的课程和时间也略有不同，多则一个月，少则几日，一般在两周左右。野营训练主要是对学员进行严格的军事生活锻炼，强化其军人意志、培养其军人情怀。陈赓要求学员在野营训练中“要树立敌情观念，英勇顽强，坚决执行命令，加强正规军人的军事生活锻炼，使自己通过野营战术的学习，进一步加强组织性和纪律性”②。入伍教育主要是强化学员对于人民解放军的性质和建军宗旨，人民解放军的队列、纪律、内务、警备条令等内容的理解。通过野营教育，加强对学员的思想领导和政治教育，从而使培养出来的学员“真正成为对党、对祖国高度忠诚、积极负责、坚决执行命令、精通现代化军事工程技术的干部，以利于将来有把握地战胜帝国主义的侵略”③。

为了更好地实现思想政治工作目标中的军事素养目标，除了野营教育外，哈军工还在学员的整个教育过程中开展严格的部队教育，即要求学员定期去部队见习锻炼，从而完成对学员思想上和政治上的教育。我国部队历来高度重视思想政治工作，作为军事院校的哈军工必然要求学员下部队，使学员通过在部队短期的参观与训练，进一步了解部队的情况、体验部队的生活和培养军人的素质。但由于学员的专业和年级不同，因此要求他们去部队实习的

---

① 滕叙兖. 哈军工传：上卷［M］. 长沙：湖南科学技术出版社，2006：297.

② 国防科技大学校史编审委员会. 国防科技大学校史［M］. 长沙：国防科技大学出版社，1993：45.

③ 滕叙兖. 哈军工传：上卷［M］. 长沙：湖南科学技术出版社，2006：296.

任务和时间也有所不同。如炮兵工程系的学员要到炮兵部队的基层单位代职，参加各种装备演习，并随舰艇出海，做海图作业，进行海上训练等。再如，海军工程系船舶陀螺导航仪器专业要求学员去青岛进行为期5个月的部队实习，以获得海军基地军事教育知识，通过舰队生活锻炼，使学员熟悉航海业务工作，初步了解各种舰艇上所装设的陀螺导航仪器及日常维护使用中的问题等。部队教育有效地教育学员真正懂得了一名士兵应该具备怎样的品质。每次演习与训练，部队战士们的表现都会从精神上震撼学员、思想上教育学员，他们顽强的毅力，大无畏的牺牲精神，认真严谨、细心准时的作风均会对学员产生深刻的影响。

综上所述，无论是野营教育还是部队教育，哈军工始终强调，必须以一名士兵的要求对学员进行思想上的引导和政治上的教育，并将其贯穿哈军工思想政治工作全过程。通过这种特殊的野营教育与部队教育相结合的方式，培养了学员坚忍不拔的革命斗志和无所畏惧的革命精神，促进了学员军人素质的养成，为成为合格的军事工程师奠定了坚实的思想基础和作风基础。

三、课堂教育与实践教育结合

为了解决学校思想政治教育中政治理论教育与现实实践教育脱节的问题，进一步为实现思想政治工作目标服务，哈军工的思想政治工作，既注重发挥课堂教育的作用，又注重发挥实践教育的作用，强调课堂教育与实践教育相结合，即在发挥好课堂教育在思想政治工作中主渠道作用的同时，充分发挥好实践教育的补充作用，注重两方面途径的有效结合，促进理论与实践的统一。

哈军工的课堂教育主要体现为政治理论课、基础课及专业课等教学。哈军工的政治理论课由“老干部”讲授，他们主要来自第二高级步兵学校和中国人民志愿军第三兵团，基本上都有过革命战争经历，也都经过了党的革命教育和长期培养教育，在革命战争年代经受了艰苦环境、出生入死的锻炼与考验，忠于党、忠于国家、忠于人民，信仰坚定，态度端正，组织性、纪律性较强，具有艰苦朴素、无私奉献、联系群众的作风，保持了中国共产党和人民解放军的优良传统，因此由他们讲授马克思列宁主义、毛泽东思想、时事政策以及革命传统等，更易于学生理解与接受。在哈军工讲授基础课和专业课的教师，大部分来自名牌高校，或是海归学者，学识渊博，自身素养高。他们优良的教风和成熟的思想本身就是对学员最好的思想教育。而且，他们关心学员成长，全心全意为学员服务，不仅要做好理论教员，还要做好政治思想教员。很多教师都对学员进行十分细致的调查研究，充分了解学员的各种实际情况。建立学员班的“小档案”，记载全班每个学员的姓名、籍贯、家庭成员、中学时期的学习表现、考入哈军工后各门课程的历年成绩、答疑时提出的问题和批改其作业时发现的问题，等等，目的是全面、系统地了解每个学员的表现、特点，摸清其学习变化和思想变化规律，便于有针对性地进行政治教育和思想引导。可见，哈军工的课堂教育十分重视对学员的思想政治教育，对哈军工思想政治工作顺利开展有着极大的促进作用。

课堂教育是不断地向学员强调要信仰马克思主义、信仰共产主义，对党忠诚、对人民忠诚、对祖国忠诚，但是理论灌输总是缺少一定的说服力，只有当学员真正融入社会生活中，用自己的亲身经历去感受马克思主义、共产主义带给了人民什么，感受党是怎样爱护人民、全心全意为人民服务，才能从内心坚定这份信仰和保持无限的忠诚。为此，哈军工开展了丰富多彩的实践教育，以作为课堂教育的有益补充。哈军工的实践教育分为校内和校外两种实践教育。校内实践教育主要包括勤工俭学、入伍教育、野营训练等；校外实践教育主要包括工厂实习、上山下乡、部队见习、支援国家建设、抗洪抢险等。哈军工人在各种社会实践活动中磨炼自我、提升自我。哈军工的实践教育通常分为三个阶段：第一个阶段是在参加实践活动前，院党委先给全院干部、师生做动员报告，激发师生的政治热情，让他们积极主动地报名参加；第二个阶段是在参加实践活动中，师生要从书本理论认识中跳出来，把理论知识与社会实践相结合，使思想认识得到升华；第三个阶段是在参加实践活动后，师生回到学校要进行思想上的总结，及时发现问题、解决问题。可见，哈军工将实践教育纳入学校教育教学计划中，树立科学的实践观，使实践教育规范化和日常化，这一做法有利于学员进一步了解社会、了解国情，增强其社会责任感，促进其思想素养和道德素养的全面提升。

哈军工思想政治工作注重课堂教育与实践教育相结合，一方面，加深了学员对基本政治理论、社会诸多问题和矛盾的认识，促进学员思想上的成长；另一方面，通过课堂教育与实践教育的结合，夯实了学员的理论基础，使学员经受了思想上的锻炼，提升了学员的政治素养、思想素养和道德素养，实现了知识与行动的有机统一，促进思想政治工作目标的实现。

通过以上论述可知，哈军工思想政治工作注重多角度、全方位的结合，坚持学校教育与典型家庭教育相结合、入伍教育与部队教育相结合、课堂教育与实践教育相结合，凸显出协同育人的特点，对于哈军工思想政治工作实效性的增强有着极大的促进作用。

第五章　哈军工思想政治工作特色

高校的办学历史和办学环境的不同，会催生不同形式的思想政治工作，每个高校经由历史积淀所形成的思想政治工作特色也不尽相同。探究不同高校的思想政治工作特色，是为了研究其思想政治工作的普适性规律，以启迪今天的思想政治工作实践，最终目的是提升思想政治工作的实效性，为提高人才培养的质量服务。哈军工思想政治工作是在独特的历史背景下展开的，经历了不同寻常的发展历程，可谓跌宕起伏。但哈军工的思想政治工作仍然取得了不俗的成就，看到了实实在在的效果。哈军工的思想政治工作在特定的历史时期，形成了具有时代特色的典型特征，从历史名校的视角研究和挖掘哈军工思想政治工作的特色，总结凝练哈军工思想政治工作的典型特征，有助于进一步对哈军工思想政治工作的启示进行分析。

第一节　思想政治工作内容注重德智体军全面融合

思想政治工作目标与思想政治工作内容有着内在的联系，思想政治工作目标决定思想政治工作内容的设置，同时思想政治工作内容又影响着思想政治工作目标的实现。哈军工的思想政治工作目标注重学员政治素养、思想素养、道德素养和军事素养的全面发展，其内容呈现出注重德智体军全面融合的特点。哈军工对学员的培养在强调德育为先的同时，并没有忽视智育、体育和军事素质的养成，而是在思想政治工作内容上将四者有机融合在一起，做到德育、智育、体育、军事教育的不空、不偏、不虚、不缺。

一、注重德育与智育的融合

德育和智育作为学校教育的两个中心环节，在内容和形式上是相互融合的。“任何学科的教学，都要对学生进行道德教育。学校开设的各门课程既要用知识充实学生的头脑，也要点燃他们的内心。”① 哈军工为加强思想政治工作，提高人才培养质量，在思想政治工作内容上强调把德育教育有效地融入智育教育中，注重对学员进行政治涵养、思想涵养与专业技术的融合培养。具体体现在政治理论教育、思想道德教育贯穿专业技术教育过程始终，即专业技术教育中融合政治理论教育和思想道德教育。

哈军工除了给学员定期开设基本的政治理论课来开展思想政治工作外，还将政治理论教育、思想道德教育贯穿专业技术教育过程始终，德育与智育的有效融合有助于学员思想政治素养的快速提升。一是提高专业技术课教师的综合素质。哈军工思想政治工作主要是通过教师来做，而教师的言行举止对学员的影响是非常大的。为此，哈军工对专业技术课教师的要求与考核，除了具备丰富的专业技术知识外，还必须具备良好的政治修养和思想品质。要求每位教员必须清楚地认识到，德育是“诸育”之首，没有德育的教学是没有灵魂的教育，智育为德育服务。政治部定期对专业技术课教师进行思想教育工作培训，让其意识到思想政治工作的重要性，充分了解思想政治工作的意义，以便于广大教师在专业技术教育中能够动之以情、晓之以理，确保教学效果。二是要求专业技术课教师在教学过程中，把基本的政治理论教育和思想道德教育融入专业课教学中，即把马克思列宁主义基本理论、毛泽东思想等融入专业技术课教学中。教师本身要学会用辩证唯物主义和历史唯物主义的方法讲解专业技术课，让学员学会用辩证的思维去发现问题、分析问题和解决问题。同时，教师还要时刻不忘帮助学员牢筑理想、信念。坚定的政治信念和远大的目标志向，同过硬的技术本领相结合，有助于学员更好地实现自我价值。可见，哈军工思想政治工作在教育内容方面注重德育与智育的融合，通过提高专业技术课教师的综合素质，以及要求专业技术课教师在教学过程中将基本的政治理论教育和思想道德教育融入专业课教学中，促进了思想政治工作目标的实现，提高了思想政治工作的实效性。

概而言之，专业技术教育中融合政治理论教育和思想道德教育，既使思

---

① 其其格. 论大学生思想政治教育德与智的辩证关系［J］. 渤海大学学报（哲学社会科学版），2014，36（2）：158－160.

想政治教育不空洞，又使智育不偏颇，很好地解决了专业技术教育和政治理论教育与思想道德教育“单腿跑”的问题，“双腿”一起走路更利于学员综合素质的快速提升。

二、注重德育与体育的融合

体育是学校教育的重要组成，体育教学又是进行德育教育的良好载体。哈军工作为军事院校，学员具有双重身份，即士兵和学生。要想成为一名合格的士兵，首先就要有一个强健的体魄。身体是革命的本钱，意志是把一件事情坚持做到底的动力源泉。如果一个人没有健康的身体和坚强的意志，无论有多么远大的理想和聪明的头脑，也是心有余而力不足。因此，除了对学员进行常规的军事训练外，正规的体育教育成为哈军工培养学员强健体魄和坚强意志的有益补充。注重德育与体育的融合是哈军工思想政治工作内容的显著特点。具体体现为在体育教育中融合心理素质教育和纪律教育内容。

一是体育教育中融合心理素质教育的内容。哈军工的学员是战士，如果一名战士没有坚强的意志、过硬的心理素质，就很难在战场上打击敌人和保护自己。所以，哈军工的体育教育不是简单的体育锻炼，而是注重强健体魄和坚强意志的融合培养，增强学员身体素质，促进学员身心和谐发展，培养学员体育能力和良好品质，使其成为德智体军全面发展的技术人才。为此，哈军工要求体育教师在教学中融合一定的心理素质教育内容，再结合课堂规范和不同的教学方法，对学员进行道德品行规范的教育与训练，潜移默化地影响学员的内心。此外，体育部还定期举行不同季节的体育运动会，来增强学员的荣誉感、自信心，培养学员的适应能力和个性品质等，以强化学员的心理素质。

二是体育教育中融合纪律教育的内容。哈军工要求学员必须有组织、有纪律，必须绝对服从。因此，哈军工的体育教育是极为严格的。纪律教育的内容也成为体育教育中的一部分。哈军工的体育教育中融合纪律教育不是简单地向学员灌输具体内容，而是体现在对学员上体育课时的管理和要求上。哈军工有专门的体育教授会，且其与政治部合作，对学员实施统一的管理。在思想上，体育教授会的教师对学员进行体育锻炼重要性和必要性的思想政治教育，在行动上，政治部会派专职干部抓学员体育锻炼，要求学员必须保证每天进行半个小时到一个小时的体育锻炼，如果学员做不到，就会强制把学员带去操场进行体育锻炼。此外，还要求学员必须准时准点上体育课，没有特殊原因不许请假；要求学员必须认真对待每一节体育课，不能因为不是专业课而散漫不认真。可见，哈军工在体育教育中对学员严格的行为管理和思想要求，更有助于促进学员的组织纪律观念养成。

概而言之，加强对哈军工学员的思想政治教育，是哈军工体育课的重要任务，是提高体育教学质量的重要保障。哈军工思想政治工作内容注重德育与体育的融合，以学员为本，在体育教学过程中渗透德育内容，把德育教育的目标与体育教学所含有的德育因素有机结合起来，使德育内容潜移默化地融入体育教学过程，内化为学员的思想品德。这样既锻炼了学员的身体、培养了学员的意志，又培养了学员的集体主义精神和遵守纪律、服从组织、克服困难、积极进取的心理品质，在一定程度上强化了学员的思想政治素质。

三、注重德育与军事教育的融合

哈军工是一所综合性的军事院校，包含海、陆、空等多兵种。军事教育是面向学员开展思想政治工作的有效载体，也是进行德育教育的重要阵地，在德育中具有其他教育形式不可代替的综合育人功能。为此，在思想政治工作内容上，除了注重德育与智育、德育与体育的融合外，还特别注重德育与军事教育的融合，注重对学员思想政治素质与军事素质的融合培养。具体体现为德育的全过程融合了军事教育的内容和军事教育的全过程体现德育功能，即德育中融合军事教育理论、军人素质教育，以及军事教育中渗透思想品德教育。

一是德育的全过程融合了军事教育的内容。哈军工根据德育要求，在整个人才培养过程中，有目的、有计划、有针对性地设置军事理论课，并与学校德育课程体系有机结合，既有理论教学，又有实践教学。在哈军工，主讲思想政治理论课的教师均是参加过革命战争的老干部，他们不但具有扎实的思想政治理论功底，还具有丰富的军事理论知识和高尚的军人情怀。课上，他们讲革命传统、革命精神；课下，他们带领学员进行军事化锻炼，为学员做示范演示。他们的言传身教帮助学员形成革命人生观。这样既提升了学员的思想认识和政治素养，又满足了学员提升军事理论素养的需求。哈军工将军事理论寓于平时的思想政治教育中，结合教学、军事训练、部队实习，向学员们宣传革命传统、革命精神和军事理论知识，培养学员的革命人生观和爱国、爱党、爱军的情怀，引导学员树立爱国、报国之志，从而提高学员总体素质。

二是军事教育的全过程体现德育功能。哈军工军事教育主要内容是军事技能训练、军事理论教学以及军人素质培养。而定期要求学员去部队实习锻炼既有助于更好地完成军事教育的任务，又能够促进思想政治教育效果的提升。一方面，让学员把学校所学的军事理论学以致用，进行实践检验；另一方面，让学员与战士们一同生活、一同训练，感受军营的氛围，接受军队的优良传统、优良作风的熏陶，让学员真正体会到作为一名革命战士应该具有怎样的素养，使学员在不知不觉中迅速增强政治意识和思想意识。可见，哈军工的军事教育不是简单的理论灌输和实践锻炼，而是全过程都体现德育功能，从而促进学员思想品德素质的提升。

概而言之，哈军工的德育和军事教育是贯穿哈军工思想政治工作和人才培养过程始终的。将德育与军事教育融合，既能够提高学员的思想道德素质，又能够丰富学员的军事理论知识，增强他们的爱国主义意识。学员的思想政治境界转变提升较快，有助于思想政治工作任务的完成和思想政治工作目标的实现。

第二节　思想政治工作方法强调有的放矢、严格养成

得当的思想政治工作方法有助于思想政治工作目标的实现和思想政治教育效果的提升。哈军工在实施思想政治工作方法时，强调有的放矢、严格养成，根据学员思想特点，严格要求、正确引导、强化训练，具有鲜明的针对性、目的性和目标性，呈现出与其他院校不同的特点。哈军工强调分层次、

分阶段教育，强调典型选取的多元化，以及强调军人养成教育贯穿始终，这些是哈军工思想政治工作方法的重要表征。

一、强调分层次、分阶段教育

凸显一定的层次性和阶段性是哈军工思想政治工作方法的另一显著特点。将哈军工思想政治工作方法看成由相互联系、相互作用的若干要素构成的有机整体，有利于更有效地探索哈军工思想政治工作的发展变化，进一步掌握哈军工思想政治工作的内在规律。

一是强调分层次教育。哈军工的学员一般要经过 5 年的学习，才能毕业走向工作岗位。为此，哈军工对学员开展思想政治工作时通常分成若干个层次，依据不同层次对学员开展相应的思想政治工作。哈军工在思想政治工作方法上强调的分层次，包括整体分层和个体分层两个部分。整体分层，即以学员的 5 年学习时间为整体，分成预科层次、入学层次、学习层次和毕业层次。个体分层，即是对学员进行分层，可以分成预科中学员、学习中学员、实习中学员、毕业中学员，也可以分成普通学员和干部子弟学员。同时，根据整体分层和学员个体分层，还可以对目标、内容、方法等进行分层，具体分解各个要素。哈军工在思想政治工作实践中，思想政治工作方法强调分层次，针对不同层次的学员实施不同层次的方法，并采取灵活多样的工作形式，以此抑制了以往思想政治工作的种种不足，消除了学员对思想政治工作的厌烦、抵触心理，较好地解决了不同层次学员在不同层次学习阶段的各种思想问题，真正实现了以学员为本的思想政治工作理念，促进了思想政治工作目标和人才培养目标的双实现。

二是强调分阶段教育。哈军工除了强调分层次的思想政治工作方法，还强调分阶段的思想政治工作方法。分层次体现在学员个体、工作目标、工作内容、工作方法等方面，而分阶段主要体现在思想政治工作全过程。分阶段是指以学期为单位，把一个学期分成若干个阶段，根据不同阶段的思想政治工作任务采取不同的思想政治工作方法。分阶段思想政治工作方法是在分层次思想政治工作方法的基础上，进一步细化对学员的思想引导和政治教育。哈军工在思想政治工作方法上提倡分阶段，一方面比较清楚地规划了学员一个学期或学年的思想政治工作任务、目标，并以阶段目标的形式完成具体的任务；另一方面，分阶段的方法更微观化、细致化，如这一阶段方法不合适，可以及时调整，基本不影响整体。此外，从实效性来看，更有针对性和目的性地帮助学员解决了具体的思想问题，促进了思想政治工作效果的提升。

概而言之，哈军工思想政治工作方法强调分层次、分阶段，看似零散，实则系统。分层次、分阶段的思想政治工作方法，既提高了思想政治工作的针对性，又增强了思想政治工作的实效性。

二、强调典型选取的多元化

典型教育法作为中国共产党思想政治工作的一种有效方法，因具有感染性和易接受性等特点，从而在中国革命和建设时期得到了广泛的运用。而且长期实践证明，此方法在加强思想道德建设、弘扬民族精神方面发挥了示范、激励和引导作用，并在动员、组织、宣传方面具有极大的推动作用，是中国共产党思想政治工作的光荣传统。哈军工思想政治工作继承这一优良传统，并在运用典型教育法时，呈现出典型选取的多元化和典型的全面结合运用的特点。

一是强调典型选取的多元化。哈军工树典型倡导多元化，即人物多元、领域多元、形式多元。既有个人典型，又有集体典型；既有正面典型，也有反面典型；既有学校典型，又有社会典型。根据思想政治工作需求，依据思想政治工作目标要求，在思想政治工作的不同阶段选取不同的典型开展思想政治工作是哈军工运用典型教育法的原则。如，针对学员在入学时遇到学习方面的困难，树立后进变先进的学员典型；针对校园文化建设、培养良好班风，树立优秀班集体典型；针对教师队伍建设、青年教师素质培养，树立优秀教师典型；针对干部子弟的思想政治教育问题，树立个别家庭典型；针对某个时期学员的思想问题，树立深刻反面典型；等等。可见，哈军工在思想政治工作实践过程中运用典型教育法时，不拘泥于典型选取的个性、数量、领域、形式等，而是注重典型选取的多元化、多样化，充分发挥各种典型的作用，促进思想政治工作目标的实现，推动思想政治工作效果的提升。

二是强调典型的全面结合运用。固定、孤立地使用单一典型进行教育，是思想政治工作方法中典型教育法的一种常态式。所以，运用典型教育法开展思想政治工作易模式化和单一化。为此，哈军工在运用典型开展思想政治工作时，注重把多种典型结合到一起，避免模式化和单一化。例如，树正面典型时，教育师生将其看成一面旗帜和学习的榜样，但同时不忘在适当时候树立反面典型作为师生反思的参照，还在恰当的时候运用反面典型的警示作用，把反面典型的文章做深、做透，触及痛处、震撼灵魂，通过正反典型的鲜明对比，最大限度达到务实管用之目标。此外，哈军工树典型时，不仅在校园中、在师生中选取，还提倡树社会典型、家庭典型，以作为学校典型教育的有益补充。例如，在哈军工筹建时，为倡导艰苦奋斗之风，选取吃苦耐劳、勤俭节约的社会人员作为典型，对全院的师生员工进行思想教育。再如，哈军工选取个别干部子弟家庭来树立家庭典型，有的放矢地对干部子弟学员进行责任感、义务感教育等。可见，哈军工在思想政治工作过程中结合正反典型及社会典型和家庭典型的示范和推动，产生了强烈的聚合效应，多种典型的全面结合运用提升了思想政治工作的效果，促进了思想政治工作目标的实现，整体推进了哈军工思想政治工作的发展。

概而言之，典型教育法在哈军工思想政治工作中经过充分挖掘并运用到极致，成为哈军工常态式的思想政治工作方法。注重典型选取的多元化和典型的全面结合运用，既避免了典型教育的单一化，又弥补了典型教育的枯燥化，多元的典型形象，生动的典型特征，对于提升思想政治工作实效性有着极大的促进作用。

三、强调军人养成教育贯穿始终

军人养成教育是哈军工思想政治工作方法的重要组成部分，将军人养成教育贯穿哈军工思想政治工作过程始终是这一方法的特色所在。作为军事院校的哈军工，其思想政治工作方法强调军人养成教育，目的是通过军人行为的养成教育和军人思想的养成教育，以军人要求和标准来指导学员、训练学员，培养学员形成坚定的政治信念、高尚的道德情操和过硬的军事素养。

哈军工作为军事院校，思想政治工作强调以军人标准严格要求是根本原则，对学员进行军人养成教育是培养学员形成良好综合素质的基础。从学员入校第一天起，哈军工即按照军人养成的标准，分别从理念、内容、方法、形式和管理几个方面开展思想政治工作。理念上，要求学员时刻铭记自己身份，不仅是一名学生，同时还是一名士兵，军人的意志、军人的情操，是每个学员必须具备的；内容上，抓好思想政治工作的常规教育，以使学员树立革命的人生观为基本内容，以马克思列宁主义、毛泽东思想夯实学员的理论基础，日常则突出革命传统和革命精神教育；方法上，注重以生活养成促思想养成，要求学员从生活的点滴做起，强调用军人的标准来严格要求，让学员明白应该做什么，不应该做什么，在生活中必须严格执行部队的内务条令，养成军人应有的素质，最终促进思想素质的提升；形式上，做报告、讲传统，注重趣味性，增强灵活性，既严肃又活泼，但时刻不忘以军事化标准要求；管理上，更是强调“严”字当头，规章制度先行，日常行为规范严中有爱、爱中有严，以行为的严格促进思想的严格，以思想的严格指导行为的严格。显而易见，哈军工院党委在思想政治工作过程中融入军人养成教育，并将其作为哈军工思想政治工作的重要方法，坚持从学员的日常生活、行为训练、社会实践等多个方面推进军人养成教育，坚持不懈，持之以恒，最终促进了哈军工学员政治方向坚定、政治态度端正、思想觉悟较高、道德情操高尚、军事素质过硬等思想政治工作目标的实现。

概而言之，哈军工在思想政治工作过程中贯穿军人养成教育成为塑造哈军工人的重要手段，是哈军工学员思想政治素质形成的生长点。而且在目标追求和价值取向上更具有鲜明的哈军工特征。贯穿始终的军人养成教育，不断完善和优化哈军工思想政治工作的育人环境和育人氛围，从而实现学员政治素养、思想素养、道德素养和军事素养的全面发展，成为促进哈军工思想政治工作目标实现的助推器。

第三节　思想政治工作途径强调四位一体、协同育人

思想政治工作的途径是完成思想政治工作任务和实现思想政治工作目标的根本保障，是提高思想政治工作效果和质量的重要措施，是开展思想政治工作实践的基本渠道。哈军工思想政治工作途径强调四位一体、协同育人，不单一、不唯一，将学校、社会、家庭、部队四个要素融合，相互联系、相互作用、相互协调，形成一个统一的、有效的整体，共同作用于学员，增强了思想政治工作的效果。具体体现为：系统的学校思想政治工作强基固本、丰富的社会思想政治工作补充强化、典型的家庭思想政治工作催化升华、严格的部队思想政治工作完善定型。

一、系统的学校思想政治工作强基固本

只有思想政治教育入脑入心方能强基固本。而系统的学校思想政治工作是入脑入心的第一步，是巩固思想政治工作质量的基石，是提升思想政治工作效果的根本。学校思想政治工作作为哈军工思想政治工作途径的主要构成，对哈军工整体思想政治工作起着极为重要的作用。因此，哈军工要求对学员进行学校思想政治教育必须系统化，并将其作为实现思想政治工作目标和提高思想政治工作效果的着力点。

哈军工将学校思想政治工作作为强基固本的基础工程，对其进行顶层设计，实现学校思想政治工作的规范化、科学化和系统化。而明确的工作理念、清晰的工作目标和系统的工作流程是其重要表征。一是明确的工作理念。哈军工思想政治工作理念的凝练者主要是哈军工院领导们。他们根据办学目的和思想政治工作任务，提出了诸多明确的思想政治工作理念。如，倡导以“学员为本”的工作理念，即坚持学校思想政治工作以学员为本，一切为了学员，为了学员的一切。这些工作理念是哈军工学校思想政治工作的内在灵魂，

它们从思想源头上为实现学校思想政治工作系统化提供方向指引。二是清晰的工作目标。哈军工根据人才培养任务，提出了清晰的思想政治工作目标，分别从政治素养、思想素养、道德素养和军事素养四个方面对学员提出要求和标准，实现学员德智体军全面发展。在学校思想政治工作过程中，哈军工将工作目的和任务转化为具体而清晰的工作目标，为学校思想政治工作的系统化提供了重要指南。三是系统的工作流程。哈军工思想政治工作的工作流程是十分系统的，具体体现在主管机构、专门队伍和严把“三关”上。哈军工的学校思想政治工作由其主管机构负责，即政治部，它直属院长、政委领导，主管全院的思想政治工作。除了设有专门的主管学校思想政治工作的机构外，哈军工还下设专门队伍来执行具体工作，包括机关干部、专科干部和教师群体。他们是哈军工各个层次的精英。严把“三关”，即哈军工的学校思想政治工作严格把控学员的入学关、学习关和毕业关。以严格的政审来选拔学员；比重占 10% 左右的政治教育和科学合理的思想政治理论课课程设置是保证学员理论基础扎实的重要保障；等等。可见，哈军工始终将学校思想政治工作有效提升为一个过程可控制的系统，并使之成为推动思想政治工作目标实现的强大合力。

二、丰富的社会思想政治工作补充强化

思想政治工作理论需要在思想政治工作实践活动中被反复验证。反之，思想政治工作实践活动需要思想政治工作理论做指导。哈军工学校思想政治工作以系统的思想政治教育理论知识传授为主，实现了对学员思想政治教育的强基固本。而形式灵活、丰富多彩的社会思想政治工作则成为哈军工对学员开展思想政治工作的有益补充，进一步强化了学员的思想素质、政治素质和道德素质。哈军工社会思想政治工作的丰富性体现在内容丰富和形式丰富两个方面。

一是内容丰富的社会思想政治工作。哈军工社会思想政治工作强调内容的丰富性，以当时社会思潮为核心的时事政策教育、以爱国主义教育为核心的民族精神教育、以革命传统为核心的革命精神教育、以学员“又红又专”为目标的素质教育，等等，均成为哈军工社会思想政治工作的主要内容。丰

富的教育内容，既开拓了学员的眼界，又涵养了学员的价值观。而且，学员在学校思想政治工作过程中系统地学习过这些教育内容，已有了扎实的理论基础，再通过形式多样的社会思想政治工作进行补充强化，可以更有效地提升其思想素质和政治素质。

二是形式丰富的社会思想政治工作。哈军工对学员开展的社会思想政治工作主要是通过上山下乡、帮助人民群众抢险救灾等形式完成，呈现出工农结合的特点。一方面，学院按照教育教学计划定期组织学员在实习期间或寒暑假期间去工厂、农村参观学习，让学员了解农村、了解农民、了解社会，经受生产劳动和艰苦生活的锻炼，体验社会生活。另一方面，学院还按照中央要求组织师生上山下乡，在与工农结合的社会实践中，哈军工党委要求师生们不摆知识分子架子，甘当群众的小学生；全心全意为人民服务，毫不利己，专门利人；遵守纪律，服从分配，尊重地方干部、群众，模范地执行国家政策法令；生活中互相关心，工作中互相监督，随时开展批评与自我批评。通过形式丰富的社会思想政治工作，教师和学员普遍反映收获很大，学到了许多书本上难以学到的东西，既帮助工人、农民解决了技术方面的难题，又增长了见识，锻炼了体魄，巩固了全心全意为人民服务的思想，磨炼了意志。哈军工学员通过深入工农群众，与工人阶级、农民阶级打成一片，互相学习，触动了内心，感受生命意义，汲取革命营养，进一步提高了思想政治素养。

概而言之，哈军工以丰富的内容和形式开展的社会思想政治工作，给予师生心灵上的震撼和触动，实现了理论与实践的充分结合，有助于更好地内化于心、外化于行，真正起到了补充强化的作用。

三、典型的家庭思想政治工作催化升华

家庭思想政治工作是指在家庭这一特殊的环境中进行的思想政治工作实践活动，在子女的成长教育中起基础性作用，具有不可替代的地位。作为学校思想政治工作和社会思想政治工作的基础，家庭思想政治工作可以弥补和消解学校思想政治工作和社会思想政治工作的缺陷与负面影响。哈军工充分意识到家庭思想政治工作的重要性，在拓展思想政治工作途径时，通过借鉴典型家庭思想政治工作的经验，引起学员思想和观念的变化，促进学员的政

治素质和思想素质的提高。

哈军工的家庭思想政治工作主要是通过典型家庭的教育来对其他学员产生思想和政治方面的影响。而典型家庭，即干部子弟家庭。哈军工作为当时军事院校的佼佼者，吸引着无数学子报考，特别是党、政、军各级领导干部的子弟，更把哈军工定为报考大学的首选目标。哈军工干部子弟学员的迅速增加和高度集中，成为迄今为止中国高等技术院校中独一无二的特例。因此，充分利用这样的优势与条件，以个别干部子弟学员的家庭教育来对其他学员进行思想政治教育也成为哈军工思想政治工作途径的一个显著特点。借鉴个别干部子弟的家书教育和家风教育是家庭思想政治工作的重点。例如，陈毅为儿子陈丹淮写的数封家书、董必武写给儿子董良羽的家书、罗荣桓对儿子罗东进的家风教育，等等。哈军工将家书教育和家风教育作为思想政治工作的又一有力武器，充分发挥其强大的功能，以故事的形式在学员中广泛流传，深刻讨论，最终凝练升华成体会、感想，再与其他学员集体分享。此举不但受到哈军工学员、家长和师生的广泛赞扬，还引起社会各界的高度关注，对学员政治意识的提高和思想认识的升华有着显著的作用，是促进思想政治工作目标实现的一支催化剂。

四、严格的部队思想政治工作完善定型

哈军工作为军事院校，面向学员开展部队思想政治工作是特色也是必然。哈军工在学校思想政治工作、社会思想政治工作和家庭思想政治工作三个工作途径的基础上，拓展了部队思想政治工作这一特殊途径。通过派学员去部队实习锻炼，对其进行严格的军事化管理，巩固学员的军人行为和思想养成，加快学员军事素养目标的实现和综合素质的提升，进一步促进了思想政治工作理论与实践的融合，为实现“又红又专”、德智体军全面发展的工作目标推入一支定型剂。

哈军工部队思想政治工作是用党的科学理论，发挥军队的根本职能，教育引导学员树立崇高的革命理想，坚定政治信念，培养正确的世界观、人生观、价值观。其主要是通过学员到部队实习锻炼来完成，而不是简单的流于形式、走走过场，是作为学员考核的硬指标必须完成的，过程十分严格。其

严格性首先体现在时间上，哈军工明确要求每个学期固定的时间或者寒暑假的某一时间段，作为学员去部队当兵锻炼的实习期。并且，要求学员在部队里必须严格自律，以士兵的身份要求自己，努力做到自重、自省、自励。定期严格的部队实习锻炼对学员的生活、学习和工作具有深远的影响。一方面，培养了学员合格的思想政治素质、过硬的军事素质、良好的组织管理能力，让学员体会基层部队优良的纪律作风；另一方面，基层部队广阔的发展空间，让学员既看到自身的优势，也看到自身的劣势，更加清楚下一步需要努力的方向。严格的部队思想政治工作，筑牢了学员献身国防的责任感和使命感，培养了学员迎难而上的意志力，强化了学员令行禁止的执行力，增强了学员集体荣誉意识，提升了学员的自我认知能力，提高了学员的军事技术素质，有利于学员思想政治工作目标的进一步实现。部队思想政治工作不仅促进了哈军工军事素养目标的实现，而且对政治素养、思想素养和道德素养目标的实现也有完善作用，是促其目标实现、素质提升的一支定型剂。

综上所述，哈军工思想政治工作由学校、社会、家庭、部队共同担任，四者之间不可分割、紧密相连。而学校思想政治工作的系统化、社会思想政治工作的丰富化、家庭思想政治工作的典型化及部队思想政治工作的严格化凸显了哈军工思想政治工作途径是四位一体的有机整体，四者紧密结合，形成了教育合力，协同育人，实现了哈军工思想政治工作在时空上的紧密衔接，促进了各种思想政治工作的互补，令哈军工思想政治工作效果十分明显。

第六章　哈军工思想政治工作启示

哈军工作为特殊历史背景下的军事工程技术人才培养的摇篮，在新中国高等教育史上独树一帜，为我国的国防事业做出了不可磨灭的突出贡献。哈军工办学的成功体现在其产出了大量世界领先的开创性成果，为党、国家、军队和科技界培养了一大批杰出人才，反映出其在办学过程中形成的思想政治工作方式方法是行之有效的。

通过研究哈军工思想政治工作不难发现，哈军工坚持将思想政治工作视为人才培养工作的第一要义，始终将思想政治工作作为人才培养的生命线。做好高校思想政治工作要“因事而化、因时而进、因势而新”，从提升思想政治工作实效性和实现人的全面发展角度出发，探寻哈军工思想政治工作规律，以期为当前高校思想政治工作实践和人才培养提供一定的参考与借鉴。

具体而言，当前高校思想政治工作必须坚持正确方向、必须坚持科学理念、必须明确目标重点、必须坚持突出实效。

第一节　高校思想政治工作必须坚持正确方向

研究哈军工思想政治工作，目的是通过哈军工的思想政治工作实践，寻找适合当前高校思想政治工作形势的路径，以切实推进思想政治工作扎实有效地开展。回顾历史，哈军工思想政治工作取得的成效值得肯定，其思想政治工作理念值得继续坚持和发扬。

展望未来，面对高等教育的新形势以及不断出现的新问题，当前高校的思想政治工作必须坚持党的正确领导、必须加强理想信念教育、必须抢占意识形态高地，以促使高校思想政治工作始终保持正确的前进方向，为中国特色社会主义大学提供方向保证。

一、高校思想政治工作必须坚持党的正确领导

哈军工的创建是我们党在特殊历史时期的重大决策，其思想政治工作的开展是我们党的思想政治工作经验在实践中的具体反映。善于做思想政治工作是我们党从一个胜利走向又一个胜利的根本保证，哈军工作为这一特殊时期的军事院校，继承和发扬了这一优良传统，其思想政治工作的成效毋庸置疑。在新的历史起点上，增强高校思想政治工作实效性，仍需要继续保持和发扬光荣传统，坚持党的领导，不断加强高校思想政治工作。

第一，坚持党的领导是做好高校思想政治工作的根本保证。哈军工在13年的主体办学历程中，其思想政治工作的开展自然有其遵循的理论基础和时代背景。哈军工作为军事院校，始终坚持以马克思主义、毛泽东思想为指引，紧密围绕时代背景开展了富有成效的思想政治工作，展现出了浓重的时代特点和强烈的时代气息。哈军工的思想政治工作坚持和发扬了中国人民解放军的光荣传统，以坚持党的绝对领导和全心全意为人民服务为根本宗旨，极大地提升了广大学员的思想境界，锤炼了学员坚强的意志品质，使思想政治工作在服务于人才全面发展方面取得了突出成效。究其原因，坚持党的正确领导为哈军工的思想政治工作提供了根本保证。思想政治工作一直以来都是党的事业的生命线，在新的历史时期，西方文化渗透、价值取向多元化、由新兴媒体产生新的思想文化阵地，以及社会成员群体流动使思想政治工作产生“空白”和“盲区”等，为当前的思想政治工作带来了前所未有的冲击和挑战。由于高校是传播中国特色社会主义先进文化的主阵地，因此加强和改进当前高校的思想政治工作更加紧迫。2014年，习近平总书记在第二十三次全国高等学校党的建设工作会议上指出：“加强党对高校的领导，加强和改进高校党的建设，是办好中国特色社会主义大学的根本保证。”重点强调了办好中国特色社会主义大学需要加强党对高校的领导。2015年，在《关于进一步加强和改进新形势下高校宣传思想工作的意见》中指出：“加强和改进高校宣传思想工作是一项重大而紧迫的战略任务”，“切实加强党对高校宣传思想工作的领导”，从宣传思想工作的角度提出了加强党的领导的重要性。2016年，习近平总书记指出：“我们的高校是党领导下的高校，是中国特色社会主义高

校”，“办好我国高等教育，必须坚持党的领导，牢牢掌握党对高校工作的领导权”，“高校党委对学校工作实行全面领导……提高党的基层组织做思想政治工作能力”，进一步阐明了坚持党的领导是办好我国高等教育、办好中国特色社会主义高校的“灵魂”。我们党为新时期的思想政治工作明确了方向，即应继续传承和发扬党的优良传统，毫不动摇地坚持党对高校思想政治工作的领导。高校的思想政治工作不是孤立的，它依托于我国高等教育办学主体而存在，并对人才培养产生影响，是高校办学治校、开展人才培养极为重要的内容。如何为做好高校思想政治工作提供重要保障，哈军工的思想政治工作实践已经提供了有效的答案，契合了我们党在新时期对高校思想政治工作提出的新要求。当前高校工作尤其是高校的思想政治工作不能脱离党的领导，否则就偏离了中国特色社会主义高校的本质。只有坚持党对高校思想政治工作的领导，才能保证中国特色社会主义大学的办学方向，才能进一步坚定广大青年学生对实现共产主义崇高理想的不懈追求，才能激发青年学生投身于实现中华民族伟大复兴这一宏伟蓝图的浓厚热情，进而成长为中国特色社会主义事业的合格建设者和可靠接班人。因此，坚持党对高校思想政治工作的领导不仅是做好高校思想政治工作的根本保证，同时也是提升高校思想政治工作实效性的重要保障。

第二，加强党的建设是做好高校思想政治工作的重要前提。为做好思想政治工作，哈军工同样重视加强党的建设。在党的建设方面，主要依靠政治部这一学院直属机构，由学院政委直接领导。政治部根据学院各系专业设置的实际情况，分专业设置专科党、团支部等基层行政组织，负责面向学员开展形式多样的思想政治工作。最初专科只设置主任岗位，主管专业教授会和学员班，其工作对象重点是学员。1955 年以后，专科开始增设政委。专科起初成立党支部，之后又成立党的总支部，支部建在年级，班级有党小组和青年团支部。① 在学院政委的坚强领导下，在政治部的协调管理下，各支部面向干部、教师群体中的党员，每月至少开展一次主题思想政治教育活动，主要采取上党课的形式，重点内容是历史唯物主义、辩证唯物主义、科学社会主义、中共党史、苏共党史等政治思想理论。由此可见，哈军工开展思想政治

① 任学文. 永远的“哈军工”[M]. 长沙：国防科技大学出版社，2003：155－158.

工作由党委直接领导，由主管部门政治部主要负责，通过完善各级党组织来加强党的建设，并重点加强马克思主义唯物史观的学习教育。虽然在机构设置与分工上与当前各级党组织的设立有所不同，但其本质是相通的，目的都是通过加强党的建设做好思想政治工作，因而加强党的建设成为做好高校思想政治工作的重要前提。党的十三届四中全会以后，党中央确定了高等学校全面实行党委领导下的校长负责制，2014 年，《关于坚持和完善普通高等学校党委领导下的校长负责制的实施意见》中再次强调了这一制度，并明确了要坚持高校党委的领导核心地位，同时要求加强基层党组织的建设，完善教职工党支部和学生党支部的设置形式，开展中国特色社会主义和中国梦的宣传教育，引导师生员工坚持正确的政治方向。我们的高校是党领导下的高校，高校的思想政治工作是党领导高校各项工作的具体体现，同时也是各个高校开展党的建设的重要抓手。高校党建是党的建设的重要组成部分，加强和改进高校的思想政治工作必须进一步健全和完善党对思想政治工作领导的体制机制，形成党委统一领导，各部门多方参与、齐抓共管的工作格局。做好高校的思想政治工作不只是思想政治工作宣传部门的责任，同时也是各级党委应该肩负的责任。习近平总书记指出："各级党委要负起政治责任和领导责任，加强对宣传思想领域重大问题的分析研判和重大战略性任务的统筹指导，不断提高领导宣传思想工作能力和水平。"这就要求高校的各级党委必须充分发挥在思想政治工作中的政治核心和领导核心作用，牢固树立政治意识、大局意识、核心意识、看齐意识，坚持带头学习和传播马克思主义理论，弘扬社会主义核心价值观，用中国特色社会主义理论体系武装头脑，教育广大师生在思想上、政治上、行动上与党中央保持高度一致。高校支部作为基层党组织，是党在高校的战斗堡垒，按照习近平总书记"因事而化、因时而进、因势而新"的总体要求，高校的基层党组织还存在做思想政治工作能力有待提高的问题。加强党的建设，做好高校的思想政治工作还应不断加强党的基层组织建设，打牢基础，补齐短板，建立一支政治素质强、业务素质精的思想政治工作队伍，并以"两学一做"为基本内容，以"三会一课"为基本制度，推进"两学一做"学习教育的常态化、制度化，从而激发基层党组织的主体意识，充分发挥战斗堡垒的作用。

总之，我国高校总体上保持着稳定与和谐，这与坚持党的正确领导、加强党的建设、持续加强和改进思想政治工作密切相关。面对新形势、新任务，高校的思想政治工作仍不可掉以轻心，党对高校思想政治工作的领导也只能加强不能削弱。做好高校的思想政治工作，仍需要以加强党的正确领导为根本保证，以加强党的建设为重要前提，保证高校始终成为培养社会主义事业合格建设者和可靠接班人的坚强阵地。

二、高校思想政治工作必须加强理想信念教育

哈军工的思想政治工作实践体现了加强理想信念教育的重要性，新时期的思想政治工作需要坚持高度重视的原则，在加强理想信念教育上下功夫，这样才能更好地增强思想政治工作的实效性。加强理想信念教育的重要性主要体现在：加强理想信念教育既是践行社会主义核心价值观的内在要求和根本途径，又是加强高校意识形态建设的根本要求，同时也是培养社会主义属性人才的本质诉求。

第一，加强理想信念教育是践行社会主义核心价值观的内在要求和根本途径。哈军工作为特殊历史时期的军事院校，肩负着特殊的历史使命。经研究发现，哈军工思想政治工作目标随着时间的推移和形势的变化不断调整，具有明显的时代特征。但不管思想政治工作目标如何变化，其核心工作均突出加强理想信念教育。由热爱祖国、不怕困难、纪律严明、主动承担，演变为忠诚爱国、勇敢顽强、高度组织性纪律性、为社会主义为人民服务。随后，又特别强调要有较高的政治觉悟，拥护党的领导，拥护社会主义制度，爱国奉献，树立无产阶级的阶级观、劳动观、群众观，具有共产主义道德品质，继承部队光荣传统，体现“三八”作风等。这种演变逐渐形成了以哈军工精神和哈军工传统为内容的特有核心理念，可以称其为哈军工的“核心价值观”，并在其13年主体办学实践中渗透、融入每个哈军工人的灵魂中。实践表明，加强理想信念教育在哈军工思想政治工作中处于核心位置，在哈军工思想政治工作实践中发挥了重要作用。在新的历史时期，党和国家极力倡导的社会主义核心价值观，体现了实现共产主义和社会主义的精神理念，同时也蕴含了实现中华民族伟大复兴的中国梦的现实目标追求。践行社会主义核

心价值观需要高度统一全体人民的意志，凝聚全体人民的力量，增强人民的自信心、自豪感，将个人追求与国家、民族发展结合起来，为实现共同的理念而不懈努力。理想信念是一种精神力量，理想信念越远大，获得的精神动力就越强大；理想信念越强大，就越能促进形成高尚的道德品质和坚强的人生意志，越能激发实现共同理想的昂扬斗志。因此，当前高等教育必须用继承和发展的眼光来推进高校思想政治工作，既将传统思想政治工作内容延续和强化，又将社会主义核心价值观融入思想政治工作内容中，做到与时俱进。高等教育者在思想政治工作实践中，要坚持以马克思主义理论为指导，科学认识社会发展的规律，坚定理想信念，自觉抵制不良思想观念的侵蚀，筑牢思想之基。引导大学生在思想认识上取得新的突破，在层次上实现由小理想向大理想的不断进步，在境界上实现由“小我”向“大我”的不断延伸，最终促进大学生的思想认识与社会主义核心价值观的现实目标相一致，增强大学生对实现中华民族伟大复兴的中国梦的认同感，并树立为之努力奋斗的坚定理想信念。可见，践行社会主义核心价值观，需要以理想信念做基础、做支撑，需要时刻以忠于祖国、服务人民、奉献社会为出发点，引导大学生将远大理想与当前目标相结合，从点滴做起，打牢基础，树立吃苦耐劳、甘于奉献、淡泊名利的人生观和价值观，勇于承担责任，勇于开拓创新，为社会主义事业、为共产主义远大理想奋斗终生。大学生一旦坚定正确的理想信念，就会为实现理想目标而义无反顾、勇往直前。高校思想政治工作应充分把握住大学生世界观、人生观、价值观形成的黄金时期，牢牢掌握意识形态工作的制高点，更好发挥思想政治工作的育人功能，强化大学生理念信念，促进大学生思想观念的提升与转变。总之，加强理想信念教育是践行社会主义核心价值观的内在要求，同时也是践行社会主义核心价值观的根本途径。

第二，加强理想信念教育是加强高校意识形态建设的根本要求。哈军工创办之初是为朝鲜战场培养急需的工程技术人员，要求培养的人才不仅技术过硬，更要在政治素养方面过硬。在此背景下，哈军工格外重视意识形态工作建设，通过介绍朝鲜战场的局势和宣传抗美援朝的意义，强化学员的理想信念，培养学员正确的政治方向、坚定的政治信仰、崇高的思想境界和高尚的道德品质，激发学员的爱国主义热情和国际共产主义精神。在发展过程中，哈军工面临的形势则更为错综复杂，但哈军工在意识形态建设方面没有松懈，开展思想政治工作始终没有脱离对国际、国内形势的深度解析，采取恰当的思想政治工作形式，使师生员工的政治觉悟进一步提升，理想信念进一步增强，爱国主义热情和国际主义精神得以快速激发。哈军工以理想信念为先的思想政治工作极具针对性，适应了当时异常复杂的国际国内形势，促进和保障了哈军工学员在复杂环境下成长成才。当前，世界政治多极化格局依然存在，我国国家安全和发展的国际环境变得日益复杂。社会主义高校的根本任务是要培养又红又专、德才兼备的社会主义事业的合格建设者和可靠接班人，在国际、国内双重复杂环境的影响下，加强意识形态建设、强化理想信念是大势所趋。只有强化师生理想信念，提升广大学生的甄别和处置能力，帮助其思维方式由自发发展向自觉发展转变，才能守护好大学生意识形态工作的主阵地，为国家、民族和社会的发展赢得未来。因此，加强理想信念教育不是简单的口号，加强高校的意识形态建设也不是空穴来风，而是事关高校培养的人才能否为国家所用的重大问题。

第三，加强理想信念教育是培养社会主义属性人才的本质诉求。哈军工为现代化国防建设培养军事工程技术人员，是党和国家赋予的重要使命。在当时抗美援朝的国际背景下，如何保证社会主义办学方向，保证培养的人才为国家所需、为国家所用则上升到政治高度。在培养过程中，坚持既定的思想政治工作目标不动摇，在政治、思想、道德、军事等方面均融入了理想信念为先的理念，并将其贯穿思想政治工作全过程。哈军工始终坚决贯彻执行党的路线、国家的方针政策，全面强化理想信念教育，确保了正确的办学政治方向，培养的人才具有坚定的政治信仰和崇高的理想信念，实现了哈军工创办的初衷。时至今日，哈军工在开展思想政治工作时以理想信念为先的理念对于今天的人才培养仍然具有重要的时代价值。就世界形势而言，和平与发展仍然是时代的主题，但我国正处于百年追梦、全面小康的伟大征程中，对于社会主义理想信念坚定、技术水平过硬的人才需求也空前急迫。胡锦涛曾指出："培养什么人、如何培养人，是我国社会主义教育事业发展中必须解决好的根本问题。"① 这表明高等教育应坚持正确的社会主义办学方向，培养

① 刘克利. 大学素质教育应以德为先［J］. 中国高等教育，2013（Z1）：39－41.

具备社会主义属性、全面发展的人才，这是教育的根本问题。习近平同志指出，“办好中国特色社会主义大学，要坚持立德树人，把培育和践行社会主义核心价值观融入教书育人全过程”，“高校思想政治工作关系高校培养什么样的人、如何培养人以及为谁培养人这个根本问题”。这深刻表明新时期的人才培养，既要保证社会主义高校办学的政治方向，贯彻为社会主义服务、为人民服务的宗旨，又要引导学生坚定中国共产党是领导国家和人民的核心力量的信念，坚定社会主义和共产主义的理想信念，树立服务祖国、服务人民的人生观和价值观，将个人价值与伟大的理想结合起来。在新的历史起点，党和国家对高校思想政治工作提出了新的要求，为高校人才培养指明了前进方向。在总结哈军工思想政治工作的同时，也要站在历史和全局的高度，深刻理解国家对高等教育人才培养的根本要求，坚定中国特色社会主义办学的方向，以突出理想信念引领人才培养的各个环节，这是实现社会主义属性人才培养目标的本质诉求。

综上所述，加强理念信念教育在当前时期尤为重要，既是践行社会主义核心价值观的内在要求和根本途径，又是加强高校意识形态建设的根本要求，更是培养社会主义属性人才的本质诉求。高校思想政治工作应加强意识形态的把控意识，将加强理想信念教育作为思想政治工作的重要内容，保障思想政治工作育人功能的实现，促进大学生思想观念的提升与转变，增强思想政治工作的实效性。

三、高校思想政治工作必须抢占意识形态高地

哈军工思想政治工作作为哈军工意识形态工作的重要组成，始终坚持马克思主义在意识形态工作中的指导地位，将马克思主义理论教育贯穿教育教学全过程，并牢牢把握哈军工意识形态工作的领导权和话语权。院党委高度重视思想政治工作，将其置于人才培养工作的首要位置，认真落实首长负责制。习近平总书记强调：“意识形态工作是党的一项极端重要的工作。”因此，当前高校思想政治工作必须抢占意识形态高地，一方面，毫不动摇地坚持马克思主义在意识形态工作中的指导地位；另一方面，不折不扣地增强高校意识形态工作的领导权和话语权。

第一，毫不动摇地坚持马克思主义在意识形态工作中的指导地位。坚持以马克思主义为指导思想的意识形态工作，是中国共产党的政治优势和优良传统，是指导中国革命取得胜利和社会主义建设取得成就的重要保证。哈军工思想政治工作始终坚持以马克思主义为指导思想，将马克思主义理论教育贯穿学员整个学习过程始终，旗帜鲜明地运用马克思主义理论说服、教育师生员工，引导他们正确认识世界、认清自我，帮助师生员工确立坚定的政治方向，树立正确的世界观、人生观、价值观，学会用辩证的思维发现问题、分析问题、解决问题。历史证明，哈军工培养出来的学员绝大部分都又红又专，这与毫不动摇地坚持马克思主义在其思想政治工作中的指导地位是分不开的。今天我们高校的意识形态工作仍然必须坚持马克思主义的指导地位。习近平总书记在庆祝中国共产党成立95周年纪念大会上强调："坚持不忘初心、继续前进，就要坚持马克思主义的指导地位，坚持把马克思主义基本原理同当代中国实际和时代特点紧密结合起来，推进理论创新、实践创新，不断把马克思主义中国化推向前进。"他指出："办好我们的高校，必须坚持以马克思主义为指导，全面贯彻党的教育方针。"可以说，这既是对全党提出的政治要求，也是加强高校意识形态工作必须遵循的根本指针。坚持马克思主义的指导地位，必须不断推进马克思主义中国化。同时，着力加强马克思主义理论一级学科建设，不断强化马克思主义理论以及相关学科课程的意识形态属性，要求高校哲学社会科学工作者在教学与科研过程中必须始终把马克思主义基本原理同当代中国实际和时代特点紧密结合起来，不断推进理论创新、实践创新；加强对高校教师群体和学生群体的马克思主义理论教育，要求其系统地掌握马克思主义基本理论，武装头脑，坚定马克思主义、共产主义信仰，学会科学地运用马克思主义的立场、观点及方法去观察、分析和解决工作、学习、生活中的各种问题，坚定理想信念，增强他们的道路自信、理论自信、制度自信、文化自信。此外，坚持马克思主义的指导地位，高校理应以更积极开放的心态创新整合多方资源，不断完善高校意识形态工作机制。高校各级党委必须发挥政治核心和领导核心的作用，落实主体责任，对意识形态工作把关定向、统筹指导，将思想政治工作纳入意识形态工作责任制；加强高校宣传思想工作队伍建设，用马克思主义理论武装宣传思想工作者头脑，进一步坚定其政治立场、提升其政治素养；高校各部门必须在校党委领导下形成齐抓共管的格局，尽职尽责地做好马克思主义意识形态的宣传者和捍卫者。①

第二，不折不扣地增强高校意识形态工作的领导权和话语权。哈军工在13年主体办学期间，始终牢牢把握意识形态工作的领导权、话语权，其思想政治工作始终强调首长负责制。院领导亲自抓思想政治工作，亲自做教师和学员的思想政治工作，注重调查研究，深入师生群体，了解实际情况，通过解决实际问题来解决思想问题，并设置专门的思想政治工作机构，协调各部门做好师生员工的思想工作。注重舆论宣传、思想引领，定期开展形式多样、内容丰富的革命传统和革命精神教育。院领导亲自为师生员工做形势政策报告，深刻剖析世情、国情的发展变化，正确引导师生认识国内外的热点难点问题，加强其理想信念教育，坚定其政治信仰，增强其为国防事业献身的责任感和使命感。哈军工思想政治工作经验为今天继续不折不扣地增强高校意识形态工作的领导权和话语权提供了启示与借鉴。2015 年，中共中央办公厅、国务院办公厅印发的《关于进一步加强和改进新形势下高校宣传思想工作的意见》指出，“高校作为意识形态工作前沿阵地，肩负着学习研究宣传马克思主义，培育和弘扬社会主义核心价值观，为实现中华民族伟大复兴的中国梦提供人才保障和智力支持的重要任务”。面对当前的国际国内形势，做好高校的意识形态工作，必须不折不扣地增强高校意识形态工作的领导权和话语权。习近平总书记强调：“能否做好意识形态工作，事关党的前途命运，事关国家长治久安，事关民族凝聚力和向心力。”这三个“事关”深刻阐明了意识形态工作的重要性，凸显了做好高校意识形态工作尤为重要。因此，不折不扣地增强高校意识形态工作的领导权和话语权，必须坚持以中国特色的社会主义教育为核心，以思想理论建设为根本，加强对教师和学生的思想政治理论教育，坚定他们对中国特色社会主义的“四个自信”；必须加强对高校宣传思想阵地的建设和管理，特别是随着互联网的普及、信息技术的不断发展，意识形态工作必须占领网络阵地，不断强化网络阵地意识和责任担当；必须建立

---

① 邓学源，李国兴. 加强高校意识形态工作领导权和话语权［N］. 光明日报，2017-02-13(11).

健全意识形态话语体系，努力探寻话语规律，适时出台话语规范，多方建构话语载体，不断优化话语渠道，积极创新话语形式等，牢牢把握住意识形态工作的话语权。

综上所述，高校思想政治工作必须切实担负起意识形态工作的主体责任，通过毫不动摇地坚持马克思主义在意识形态工作中的指导地位以及不折不扣地增强高校意识形态工作的领导权和话语权，占领高校意识形态工作的制高点。

第二节　高校思想政治工作必须坚持科学理念

通过研究哈军工思想政治工作，探索适合当前高等教育形势的思想政治工作规律是极为必要的，尤其是哈军工在思想政治工作中坚持和倡导的科学理念更加值得借鉴与学习，希冀启迪当前高校思想政治工作新思维。哈军工坚持贯彻立德树人、以人为本和全面发展的科学理念，这在其思想政治工作实践中发挥了重要的作用，同时也切合当前高校思想政治工作的实际，需要引起高度重视，这既是提高思想政治工作实效性的需要，也是全面提升人才培养质量的需要。

一、高校思想政治工作必须贯彻立德树人理念

哈军工在开展思想政治工作和人才培养工作过程中，倡导德育为先、立德树人的科学理念，并将其作为人才培养的中心任务加以贯彻实施，促进了思想政治工作实效性的提升，实现了人才培养目标。现代高等教育具有人才培养、科学研究、社会服务和文化传承等重要社会职能，人才培养是其核心和根本。唯有继续坚持德育为先、立德树人的理念，才能更好地完成人才培养的任务。

第一，立德施教是提升人才思想政治素质的必由之路。哈军工的“立德

施教”主要体现在学院领导的“大爱”和高水平的师资队伍上。学院领导以身作则，做好表率，关心师生员工饮食冷暖，一应事务亲力亲为，以其大爱感染和影响师生员工，解决困扰他们的思想和生活问题，使之全身心地投身到人才培养过程中。同时深刻认识到，教师是“立教之本、兴教之源”，思想政治工作应从源头抓起，全方位招纳贤才。调聘、选用干部和教师以坚定的政治信念、优秀的道德品质为首要标准。哈军工的干部多数参加过抗日战争和解放战争，信仰可靠、意志坚定；哈军工的教师大多来自名牌高校或是海归学者，学识渊博、思想丰富，自身素养高。高水平的师资队伍能够坚持“以德立己”“以德立教”“以德正人”，将育人作为毕生追求和终生事业，全面关心学生成长，用真爱去关心每个学员，无私奉献，全心全意为学员服务。他们既是理论教员，又是政治教员和思想教员，其成熟的思想、优良的教风以及自身德行，本身就是最好的教科书。哈军工思想政治工作的成功和人才培养的成功，展示出其“大爱”“大德”对于人才培养的重要性。哈军工“立德施教”的治学理念堪称典范，为当前高等教育的思想政治工作和人才培养树立了标杆，值得借鉴和发扬。党和国家要求高等教育要培养全面发展的社会主义合格建设者和可靠接班人，赋予了高校崇高的历史使命。在高校思想政治工作矛盾仍然较为突出的今天，思想政治工作的实效性得不到有效提升，究其原因是，思想政治工作队伍与学生之间的距离变远了，其亲和力也随之下降了。其本质是思想政治工作队伍“德”的标准下降了，“爱”的成分变少了；重经济报酬的增多了，重自身素质提升的变少了；追逐名利的变多了，教书育人的热情变少了。在高校思想政治教育工作亟须创新发展的今天，提升高校思想政治工作有效性关键在教师，① 高校的思想政治工作仍需从本源抓起，提升领导队伍和教师队伍的思想政治水平，提倡甘为人梯、甘于奉献、甘于寂寞的精神，真正将教书育人作为教育工作者的毕生追求与使命。教师作为育人工作的直接参与者和施行者，理应具有明确的思想政治目标定位，不应该游离于人才培养目标之外。教师思想政治目标与高校的办学理念、人才培养目标等是一脉相承的，它们之间存在相互制约、相互促进的关系。

① 赖雄麟. 论高校思想政治教育教师的自觉意识：从思想政治理论课实效性与有效性之辩说起[J]. 学校党建与思想教育，2012 (31)：82 - 84.

因此，高校教师的思想政治目标应该融入高校的人才培养体系，明确地提出其实施的内容、方法与途径，确立其目标实现的标准，建立适当的考核评价指标。在兼顾“树人”这一外在评价标准的同时，将“立师德”作为内在价值尺度来考评教师优劣。以此为基础，进一步完善思想政治工作体制机制建设、强化思想政治理论课程体系改革，促进思想政治教育教学实践改革，采取理论与实践有机结合的途径，从根本上克服思想政治工作领域的突出矛盾，提升思想政治工作的实效性，促进人才培养质量的全面提升。总之，在历史责任面前，高校责无旁贷，必须遵循“立德施教”的教育理念，促进教师的思想政治素养与人才培养目标协调、均衡发展，方能从根本上提升人才的思想政治素质。可以说，“立德施教”是实现思想政治工作目标和提升人才思想政治素质的必由之路。

第二，德育为先是高校思想政治工作的根本旨归。德育在哈军工“又红又专、德智体军全面发展”的人才培养过程中拥有重要地位，具有无可替代的优先级。思想政治素质是哈军工培养人才的第一要求，学员要把国家、人民的需要放在首位，具有坚定的信仰和无限忠诚的品格，具有全心全意为人民服务的大局意识，具有无私奉献的精神，注重世界观、人生观和价值观的统一。哈军工在培养人才专业技能的同时，将德育放在先导的位置，开展严格、规范、系统的德育素质教育，培养学员良好的政治品格、严明的纪律作风以及无私的奉献精神，增强其政治定力，提高其政治品德。体育则突出培养学员的坚强意志，学员必须有组织、有纪律、绝对服从，可忍受一切艰难困苦，勇敢顽强，具有坚忍不拔、勇往直前的意志品质。军事教育更是常抓不懈，重点培养学员坚决服从组织纪律的观念，要不怕牺牲、勇于拼搏、坚忍不拔，具有藐视一切困难的意志力，具有为祖国奉献青春和热血的意志及超凡自制力。可见，哈军工在人才培养的各个层面彰显了“德育为先”的教育理念，使学员体会到思想政治素质不仅是培养过硬人才素质的需要，也是对国家负责、对人民负责、对事业负责，更是对自己负责。事实证明，哈军工培养的人才，在社会上较好地实现了自我价值和社会价值，这与其“德育为先”的理念是密不可分的。哈军工的思想政治工作顺应了当时国际国内形势的发展潮流，“德育为先”这一思想政治工作理念的形成是历史的必然产物。综观当前高等教育形势，在当前国际大环境下，高校学生面对不同文化思潮的相互交融与相互作用，面对不同文化思想的相互交织与相互碰撞，极易受到多元化价值取向的影响与冲击。而思想政治教育对人才基本素质的培养具有全面导向作用、环境条件净化作用和内化心灵作用。思想政治状态在一定程度上决定着一个人的理想信念、政治方向和思想觉悟，更与他们对社会发展和进步所能发挥的作用直接相关。① 人才培养犹如制造产品，生产过程由制造工艺来主导，如果制造工艺本身不完善，则必然会导致生产的产品不合格，甚至出现残次品、废品，更为可怕的是出现批量残次品与废品。正如教育家 Dwight W. Allen 指出的那样，“如果高校仅使学生变得聪明而未使其具备道德性的话，那就是在为社会创造危害”②。因此，当前高校应从战略全局的高度，将“德育为先”作为其思想政治工作的根本旨归，引导学生树立高尚的品格和道德情操。如果高校培养的是技术精而格调低的人，那么就不符合国家和人民对高等教育的期望，也不符合社会对高水平人才的预期，中国特色社会主义建设更不能接受这样的“人才”。

第三，立德树人是高校促进人才全面发展的根本要求。哈军工的人才培养以强化无私奉献和全心全意为人民服务的精神为出发点，以“德智体军全面发展”为目标，其“德育为先”的教育理念，即是要以德育为先导，融合智育、体育和军事教育，最终实现人的全面发展。这为当时的人才培养和思想政治工作指明了方向，成为那一时期重要的思想指南，并贯穿了哈军工人才培养的全过程。哈军工坚持以德育为先导，开展严格、规范、系统的德育素质教育，实现了德智体军的全面、协调发展。哈军工在特殊历史时期，虽然没有明确提出“立德树人”概念，但反映出了“立德树人”理念，并将其作用于人才素质的全面发展，取得了良好的育人效果，体现了一定的先进性与前瞻性。从我国高等教育的发展历程来看，党和国家对人才培养的初衷没有改变过。“立德树人”成为新时期高校人才培养工作的主旋律，同时也赋予高校思想政治工作新的内涵。为强化“立德”的地位和作用，有效解决德育

① 汪育文．拔尖创新人才思想政治素质的养成［J］．中共山西省委党校学报，2014，37（6）：110－113．

② 刘尧．大学及其教授的使命［N］．中国教育报，2013－04－19（6）．

和智育两层皮现象，克服重德轻体、德体分家的问题，当前高校的人才培养应充分认清形势，树立正确的人才观，转变重专业技能知识传授而轻道德教育和精神养成的观念，确立正确的现代教育理念，以促进人的自由全面发展为宗旨，充分发挥学生主体性，充分发挥德育的促进作用、体育的保障作用、美育的升华作用，将德育知识转移到自我认知、自我选择、自我学习的轨道上来，引导学生向既定的培养目标发展，增强其道德判断能力和道德行为能力。高校的首要任务是培养人才，检验高校人才培养能否成功的关键是要看人才是否具有良好的人生态度，能否成为一个对国家、社会和人民有用的人。“立德树人”关系到高等教育人才培养的全局，是高校促进人才全面发展的根本要求，人才能否牢固树立社会主义核心价值观，能否正确把握主流意识形态，将直接关系到中国特色社会主义事业的兴衰成败。

综上所述，高校思想政治工作应继续贯彻“立德树人”的理念，坚持将“立德施教”作为提升人才思想政治素质的必由之路，“德育为先”依然是高校思想政治工作的根本旨归，而“立德树人”仍旧是高校促进人才全面发展的根本要求。唯有如此，才能更好地完成思想政治工作和人才培养工作的任务。

二、高校思想政治工作必须突出以人为本理念

“以人为本”的理念是一个常说常新的话题，在高校思想政治工作中更是司空见惯。然而贯彻执行是一方面，如何落实、有无实效则是另一方面，重点在于能否到位。哈军工思想政治工作突出“以人为本”的理念，取得了实效，为当前高校思想政治工作的开展提供了新的思路。

第一，以人为本是提升高校思想政治工作实效性的关键。哈军工思想政治工作一贯坚持“以人为本”的原则，这也是其思想政治工作实效性得以发挥的现实路径。具体表现分布在：关心——高层领导视察时为全体师生做报告，促使思想上共鸣、境界上升华、态度上端正、目标上明确；信任——肯定老干部和老教授的贡献，信任之、重用之，鼓励其大胆工作，并委以荣誉职务；照顾——具体分析、正确对待老教授的出身成分、海内外关系，极力加以保护，解决其吃住起居问题、工作设施问题，安排家属工作，鼓励家属

报考，解决其后顾之忧；责任——学院领导亲自讲形势，做报告，谈感受，亲自做“两老”和学员的思想政治工作，解决师生的大事小情；团结——深入群众调查研究，注重干部之间、教师之间、学员之间、干部与教师、教师与党员的团结，促使上下团结一心、思想统一；民主——学院领导不官僚、不独裁，事事征求意见，亲自处理，解决实际问题；幽默——学院领导的工作方式灵活、耐心，以独特的方式缓解师生员工的紧张情绪，消除排斥心理，促使思想政治工作深入人心。哈军工“以人为本”的思想政治工作理念在其办学过程中是一以贯之的，在培养师生员工的思想政治觉悟、大局意识、忠诚品格、服务国家和人民的意识等方面发挥了重要的作用，有效提升了思想政治工作的实效性。哈军工“以人为本”的教育理念具有前瞻性、先进性与务实性，与当前思想政治工作的指导思想不谋而合，为当前的思想政治工作提供了可供借鉴的思路与方法。现代大学具有“培养人才、创新知识、服务社会”三大功能，人才培养处于三大功能之首，然而许多高校没有真正确立“以人为本”的教育理念，创新人才培养还停留在口号上，很多精力与资源没有真正用于人才培养。当谈及高等教育“以人为本”的理念时，大多以学生为落脚点，以学生为最终目的，较少考虑到施教群体的思想政治素质培养。哈军工贯彻以人为本的理念，重点还是在于从源头抓起。施教群体作为人才培养的关键因素，直接影响着受教育者的思想政治素质的形成与发展，其思想政治教育也理应遵循“以人为本”的理念，将施教群体与受教育者作为一个系统加以重视，并通盘考虑，不应使施教群体游离于系统之外。高校若想从根本上提高人才的培养质量，需要从提高思想政治工作实效性入手，深刻理解并努力践行“以人为本”的理念，以开放性、系统性的眼光，将思想政治工作实践真正转化为人的感性存在，使思想政治工作内容获得最为广泛的认同，受教育者从中汲取人文关怀与现实力量。“以人为本”还应充分考虑个人的需求与感受，努力在关怀、理解、帮助、尊重等层面下功夫，激发自觉性，调动参与思想政治工作实践的热情，真正使思想政治工作变成人的内在需求，促进其内化于思想观念、外化于实际行动，成为指引成人成才的内生动力，最终提升思想政治工作的实效性。因此，为了培养信仰理念坚定、政治立场明确、道德品质高尚、抱负理想远大的高素质人才，施教群体的思想政治状况也应一并考虑。坚持“以人为本”的教育理念，是全面提升思想政治工作实效性的关键所在。

第二，以人为本是实现成人成才目标的核心诉求。哈军工思想政治工作的核心内容是坚持“又红又专”引领，[①] 其思想政治工作目标无论强调“以红带专”还是“红专结合”，最终目的是保障“又红又专”人才培养目标的实现，其本质是既要保证学员的“红”，还要使其达到“专”，双管齐下，确保“红”与“专”不失偏颇，以免迷失方向、误入歧途。在保证“红”的方面，学员入学以政治和思想是否合格为标准；培养过程中，学员升级与毕业以政治思想、道德品质能否达到要求为标准；学员入党与评优以政治学习态度、政治学习成绩能否达标为标准。同时注重学员政治上的健康成长，端正其政治学习态度，解决了学员的信仰、理想、世界观、人生观、价值观等问题。在保证“专”的方面，实施分层次管理并精心组织实施，采取讲师上课、教授答疑、助教辅导相结合；教师上课与定期答疑相结合；大课与小课相结合；教学与实验相结合；课程与大作业相结合；专业课程与部件设计相结合；毕业设计与实际问题相结合；军事课与现场实战相结合；技术创新与实践制作相结合等多种方式提升学员的专业技能，促进了理论与实践的统一。哈军工“红”与“专”并行发展、两条腿走路的理念在保证学员具备过硬的思想政治素质、扎实的理论与实践能力方面发挥了重要作用，为哈军工实现思想政治工作目标和人才培养目标提供了根本保证。哈军工“又红又专”的理念与时下倡导的“全面发展”“德才兼备”理念一脉相承，反映了哈军工在人才培养目标定位上的前瞻意识。“德才兼备”反映出新时期国家和社会对高校人才培养方向与质量标准的期盼与渴求，是“又红又专”在不同历史时期的表现形态和时代内涵。办社会主义大学，培养社会主义建设者和接班人，指明了中国特色社会主义教育的方向，明确了教育的出发点、途径和落脚点，即为什么培养人、如何培养人、培养什么人。这不仅是教育的根本问题，也是思想政治教育的根本问题。[②] 竺可桢曾指出，“大学教育之目的，绝不仅是

① 魏潾．哈军工的学生思想政治教育研究［J］．思想政治教育研究，2014，30（4）：82－86．

② 田心铭．简论思想政治教育的目的、培养目标和教育内容：兼评“德育非政治化”的观点［J］．思想理论教育导刊，2011（6）：88－97．

造就多少专家……而尤在乎养成公忠坚毅，能担大任，主持风气，转移国运的领导人才”①。钱伟长提出，“我们首先培养的是一个全面发展的人，一个有道德、有修养、能负责的公民，其次才是一个专门家”②。杨玉良认为，“如果我们在大学里培养人只注重知识的灌注，而不注重德行的培养，我们教出的人只能是祸害”。可见，教育家们对人才培养的观点是一致的、明确的，即高校的人才培养目标只能是“又红又专”“全面发展”“德才兼备”，这也符合实现成人成才目标的核心诉求，“成才”首先要“成人”。高等教育只有依据这一诉求开展思想政治工作和人才培养工作，才能是真正地贯彻了“以人为本”的教育理念。当前，部分高校仍然存在办学理念上的模糊认识，存在重智育轻德育、重学术轻思想政治教育等现象，导致高校阵地建设管理出现了薄弱环节，③ 进而使理应加强的思想政治工作找不到发力点与落脚点，弱化了其应有的功能，降低了人才培养方向与质量的预期。因此，高校遵循“以人为本”理念，以促进人的全面发展才是教育的初衷，同时也是教育回归真实、实现人才培养目标的本质要求，更是保证人才为国家所需、为国家所用的根本保障。

第三，以人为本是创新思想政治工作方法的重要遵循。哈军工思想政治工作成效显著，究其根源是有一套行之有效的思想政治工作方法。院领导十分注重思想政治工作方法的研究和运用，强调思想政治工作方法与思想政治工作目标的关联性和一致性。针对强调政治素养、思想素养、道德素质、军事素养等四个方面的思想政治工作目标，结合当时国家的政治形势，根据自身条件、特点及学员个性，采取灌输教育法、渗透教育法、典型对比教育法和军人养成教育法等多种方法，做到有的放矢、严格养成。哈军工思想政治工作在沿袭传统方法的同时，又坚持不断创新。灵活运用学期分阶段教育法，强调思想政治工作的层次性和阶段性；注重典型选取的多元化并灵活运用，

---

① 田正平. 一位大学校长的理念与情操：《竺可桢日记》阅读札记［J］. 教育研究，2015，36（12）：105，36－112.

② 陈勇，颜克成. 钱伟长的人文教育思想及其实践［J］. 上海大学学报（社会科学版），2013，30（2）：109－115.

③ 本刊评论员. 用思想政治工作带动中国特色社会主义高校建设［J］. 求是，2016（24）：8－9.

舆论宣传教育法等是哈军工思想政治工作方法的重要表征。哈军工思想政治工作方法体现出传统与创新的有力结合，针对思想政治工作目标选取不同的思想政治工作方法，并由思想政治工作目标引导思想政治工作方法的实施，具有鲜明的针对性、目的性和创新性。将传统与创新紧密联系，使二者相互作用，既有助于思想政治工作目标的实现和思想政治工作效果的提高，又有助于人才培养目标的实现和人才培养质量的提升。哈军工通过思想政治工作方法的创新，助推了思想政治工作和人才培养工作任务的完成，值得学习与借鉴。思想政治工作方法对于实现思想政治工作目标、完成思想政治工作任务，以及保证思想政治工作的实际效果具有重要意义。① 思想政治工作方法的创新既是新时期加强和改进思想政治工作的需要，也是增强思想政治工作生机和活力的需要。随着网络时代的到来和网络的普及与覆盖，学生利用“微媒体”进行“网络喊话”的独特话语表达方式及高校网络舆情的高危化、多元化和常态化的特殊情境，要求高校网络思想政治工作创新向“微思政”方向发展，以网络舆情为视角丰富思想政治工作方法成为必然趋势。因此，需要高校遵循“以人为本”的理念，构建一个与大学生网上对话的“微思政”育人环境，去引领高校在网络“微时代”的话语权、主动权，抢占高校网络舆情的制高点。为此，要极力倡导平等、服务、包容、引导的个性化理念，创建贴近校园、贴近师生的校园门户网站、红色网站等官方社交微平台，打造“微活动”，实现“微体验”，以激发学生活力。同时，要建立综合型“微思政”信息库，构建个性化“微思政”交流平台，融入学生网络生活，实现思想方法多样化。不断强化思想政治工作激励机制建设，提供物质激励和精神激励，完善表彰制度，坚持先进性与广泛性相结合，坚持表彰与批评相结合，更好地推动“微思政”实现效应最大化。思想政治工作“微思政”创新方法既是对高校网络思想政治教育工作的深化，又是在高校网络舆情“高危化、多元化、常态化”的特殊语境下，进一步增强和改进高校思想政治教育工作实效性的创新举措。新时期党和国家对思想政治工作提出的新要求，不是使思想政治工作任务减轻了，而是使担子变得更重了，创新思想政治工作方法是当前高校思想政治工作者面临的新任务，尤为迫切。高校应继续遵循

---

① 张耀灿，郑永廷，吴潜涛，等．现代思想政治教育学［M］．北京：人民出版社，2006：362.

“以人为本”的理念，通过思想政治工作方法创新，促进思想政治工作效能的最大化。

综上所述，“以人为本”的理念是经过历史实践证明了的，是行之有效的，同时也是当前高校思想政治工作必须坚持和发扬的核心理念。“以人为本”是提升高校思想政治工作实效性的关键，符合人才培养实现成人成才目标的核心诉求，同时也为创新思想政治工作方法提供了重要遵循。

三、高校思想政治工作必须强化全面发展理念

哈军工倡导“德智体军全面融合”的人才培养理念，同时也是哈军工思想政治工作的一个突出的特色，与新时期我国高等教育“培养德、智、体、美全面发展的社会主义建设者和接班人”方针基本一致。如何实现人的全面发展，哈军工的思想政治工作实践指明了具体的、可操作的思路，为新时期我国高等教育的人才培养工作提供了有意义的借鉴。

第一，发挥德育对智育的促进作用，实现人的全面发展。谈及智育素质，很大程度上是指培养学生掌握时代发展需要的基础知识和基本技能，更倾向于专业技能本身。而哈军工注重发挥德育对智育的促进作用，以此为智育提供方向上的引导和支持。在德育与智育的实践中，哈军工不仅开设基本的政治理论课，促进学员政治上的健康成长，端正其政治学习态度，解决学员世界观、人生观、价值观等问题，还通过在专业技能教育中融合一定的政治理论教育来提升学员的思想政治素质。一方面，政治部加大力度对专业技术教师开展思想政治工作，使其在专业技能教育中能够动之以情、晓之以理，确保教学效果；另一方面，将马克思主义基本理论融入专业课程体系，教师以辩证唯物主义和历史唯物主义的思维讲解专业技术课，使学员学会辩证地看待问题，用唯物主义观点去发现问题、分析问题和解决问题。德育与智育相互融合的教育方式，使思想政治工作在学员的智育培养上有了落脚点与着力点，解决了专业技能教育和思想政治工作没有交集的问题，快速地提升了学员智育素质。哈军工“以德促智”的教育方法，为提高学员专业技能方面的独立思考能力和开拓创新能力指明了方向，提升了学员运用马克思主义的立场、观点和方法分析、解决问题的能力。哈军工“以德促智、德智融合”的

教育理念，很好地解决了“德育”和“智育”互不相干的“两层皮”现象，为解决全球化、多元化、信息化背景下的人才培养问题指明了方向。德育与智育的同一与统一，已经成为现代德育与智育发展的根本趋势，① 未来德育和智育关系的发展走向将呈现出融合与渗透的发展趋势。② 因此，当前高校应树立正确的人才培养观念，转变重专业教育而轻道德教育的观念；同时要树立正确的教育理念，以人的自由全面发展为前提，充分发挥德育对智育发展的促进作用，在传授专业技能的同时，帮助学生树立正确的世界观、人生观、价值观，强化知识创新和技术创新能力的培养，最终实现思想政治素质和科学文化素质的双提高。此外，高校在实施培养方案的各个环节，均应加大教育教学方法的创新力度，整合德育课与智育课的内容，形成全新的课程体系，做到德育教育融入专业技能讲授；专业技能讲授包含德育教育内容。可以采用专业知识的实际案例来解答德育中的抽象理论问题，也可以用德育的思维方式解决专业知识中的疑惑。有效的德育可以培养学生正确的思维方式，而正确的思维方式可以使学生轻松把握事物的发展规律，无疑德育可以促进学习能力的培养，对智育的发展起到事半功倍的作用，进而从根本上促进人才的自由全面发展。

第二，发挥德育对体育的促进作用，实现人的全面发展。哈军工在人才培养过程中，注重体育教育，并在其教育过程中渗透德育内容，以德育促进体育教育的健康发展。一方面，体育教育融合心理素质教育内容。重在强健学员体魄和培养学员过硬的心理素质，使学员具有面对敌人的勇气和保护自己的能力。教育教学过程中，体育教师将心理素质教育内容融合进来，培养学员的道德品行规范，潜移默化地影响学员内心世界。课下，在不同季节定期举行体育运动会，增强学员的自信心和集体荣誉感，培养学员的认知能力、适应能力和个性品质等，使学员的心理素质得以强化。另一方面，体育教育融合严格的纪律教育内容。学院要求学员每天要进行半小时至一小时的体育锻炼。体育部教授会还会开展必要的思想政治教育，要求学员必须严格养成

---

① 宋剑，李国兴. 智育是高校思政课不可或缺的教学价值：基于 1978 年以来德育与智育关系历史考察的视角［J］. 辽宁教育行政学院学报，2011，28（6）：47－50.

② 李琴. 合化与融渗：从课程设置看德育与智育历史发展演变及趋势［J］. 思想政治教育研究，2011，27（5）：85－88.

有组织有纪律的好习惯，做到绝对服从。要求学员在态度上要高度重视每节体育课，按时准点参加，体育课上要有组织有纪律。哈军工通过强健体魄和坚强意志的融合培养，既增强了学员的身体素质，促进了学员身心的和谐发展，又培养了学员体育能力和良好品质，为使其进一步成为德智体军全面发展的人才打下了坚实的基础。哈军工倡导“以德促体、德体融合”的思想政治工作理念，有效地解决了重德育轻体育的问题，为新时期如何更好地实现人才素质的全面发展提供了借鉴。马克思说：“体育意味着通过人并且为了人而对人的本质的真正占有过程，是人向自身、向社会的（即人的）复归过程。”毛泽东同志也曾讲过：“德、智皆寄于体。”这表明了体育的重要性，以及德、体之间是一种相互融合、相互促进、相互渗透的关系，体育是世界性的。所以，今天的体育教育需更加注重对德育理念的注入，让其变得更加有思想、更加有秩序、更加理性、更加充满活力。体育教学坚持以德育为引领，充分发挥学生主体性，利用体育教学相对动态的课堂环境，通过师生之间自由、平等的交流与合作，把德育知识的学习转移到自我认知、自我选择、自我学习的轨道上来，引导学生向既定的培养目标发展，培养其道德判断能力和道德行为能力。体育教学的特殊性使体育教师与学生之间存在了“亲密性”，因此体育教师的思想品德、行为举止产生的示范性和对学生产生潜移默化的跟随效应尤为明显。因此，高校必须实事求是、脚踏实地推进体育教师素质的全面提升，以德育教育促进体育教育健康发展，才能更好地保障人的全面发展。需要强调的是，“德、智、体、美”四者之间是相辅相成、互为补充、缺一不可的关系。“德育”从客观上集中反映出教育的性质和方向，为全面发展提供了方向保证，是强化智育和体育的决定性动力；“智育”是促进全面发展的核心内容，是“德育”实施的必要条件；“体育”是“德育”和“智育”的寄托，是全面发展的基础保障；而“美育”则是实现全面发展的重要补充，既相对独立，又融入“德、智、体”三者之中，能够促进人才更加全面地、和谐地发展。① 高校的首要任务是为社会主义现代化建设培养人才，因而，只有“德、智、体、美”四者全面融合并协调均衡发展，方可实现单一的思想政治教育与思想政治工作实践的有机结合，既解决全面发展的

① 高万能. 思想政治教育要以大学生全面发展为目标［N］. 光明日报，2004-11-11（B2）.

政治方向问题，同时又促进智育、体育和美育素质的综合养成，可对人才素质的全面发展起到升华作用。

综上所述，哈军工的“全面发展”是融合了军事教育的全面发展，当前高校所倡导的全面发展是融入美育的全面发展。全面发展的理念在不同的历史时期被赋予了不同的内涵。虽然内涵不同，但其出发点是一致的。在强化全面发展理念时，应重点加强德育对体育与智育的促进作用，再融入美育，从而促进人的全面和谐发展。这依然是新时期高校思想政治工作必须坚持和发扬的核心理念。

第三节　高校思想政治工作必须明确目标重点

哈军工在13年的主体办学历程中，其思想政治工作始终目标明确、重点突出，全院上下形成高度共识，即高度重视思想政治工作。坚持以“又红又专”培养目标为哈军工思想政治工作的出发点和落脚点，在其实践过程中围绕这一目标开展各项工作，始终强调问题意识、坚持问题导向，把认识和化解思想政治工作中的矛盾作为打开哈军工思想政治工作局面的突破口，积极面对和化解思想政治工作中遇到的困难，推动哈军工思想政治工作有效开展。

一、高校思想政治工作必须形成高度共识并引起高度重视

哈军工思想政治工作成效显著的根源是其思想政治工作形成高度共识并引起高度重视，即哈军工从上到下形成了重视思想政治工作的氛围。哈军工思想政治工作所展现的首要共识是“高度重视”，表现出的结果是优化思想政治工作顶层设计、实现思想政治工作精准定位、促进思想政治工作取得实效。当前高校思想政治工作更需形成这一共识，以充分发挥思想政治工作引导、保证和服务的功能。

第一，高度重视是优化思想政治工作顶层设计的前提。哈军工思想政治工作的成功得益于“高度重视”，其最大亮点是首长负责制。哈军工领导以

"高度重视"的态度从思想政治工作的源头抓起，将顶层设计作为开展思想政治工作总的原则和总的遵循。一方面，由院长兼政委亲自抓顶层设计，顶层设计的核心思想源于《训词》确定的总依据，中央和军队重要领导人考察、参观的题词、讲话等也都成为思想政治工作顶层设计的重要参考。另一方面，院领导以高度的责任心和使命感重视调查研究，每周都会深入师生员工中间，开展一对一的思想政治工作，发现问题，解决问题，为顶层设计提供参考，这种开展思想政治工作的频次和态度较为罕见。同时，还充分发扬民主，通过会议商讨的形式，与干部、教师商议思想政治工作目标定位、内容设置和工作方法的大原则，优化顶层设计内容，提出方案呈报党中央，待国家领导人做出批示后，反馈给其他院领导再商讨细节。哈军工以高度重视的态度优化思想政治工作顶层设计的做法值得今天效仿。顶层设计原本就是自高端开始的"自上而下"的设计，系统、科学的顶层设计是思想政治工作的根本遵循，是保证思想政治工作方向的决定性因素。培养什么样的人，是高校教育首先必须解决的重大问题，思想政治工作顶层设计稍有差池便会导致高校思想政治工作失去根本，偏离方向。做好思想政治工作的顶层设计，不仅是思想政治工作目标准确定位的关键，同时也是人才培养目标准确定位的关键。因此，思想政治工作顶层设计依赖于顶层设计者的眼光和战略，他们在思想政治工作顶层设计上的高瞻远瞩成为思想政治工作目标和人才培养目标准确定位的关键所在。因此，这就需要顶层设计者们充分认识国家教育战略和高等教育长远发展的意义，在思想上与党和国家的决策部署保持高度一致，牢记职责与使命，准确把握高校思想政治工作的重点方向和核心内容，从系统、全局的办学视角，讲政治、顾大局，以高度重视的态度，统筹考虑思想政治工作的各方面、各层次、各要素，提出意见、制定方案。同时又要以高度负责的态度参与到思想政治工作中来，重视调查研究，善于发展问题、解决问题，为思想政治工作顶层设计积累素材与经验，做到顶层设计与实际需求相统一、顶层设计与高校办学理念相统一、顶层设计与思想政治工作目标相统一、顶层设计与人才培养目标相统一。"细节决定成败"，顶层设计者要充分结合实际，做到顶层设计不盲目、不随便，注重优化思想政治工作的目标和结构，加强其功能协调和资源整合，突出展示思想政治工作目的、目标、内容、方法和途径等关键细节问题，进而实现顶层设计的科学化、精细化、完整化。总之，顶层设计关乎高等教育人才培养的全局，既决定了思想政治工作的最终走向，也决定了人才培养目标的最终实现，顶层设计者必须以高度重视的态度谋篇布局，方能设计好思想政治工作的源头，促进思想政治工作引导、保证和服务功能的实现。

第二，高度重视是实现思想政治工作精准定位的前提。思想政治工作顶层设计决定了思想政治工作目标、内容、方法和途径的精准设定。通过对哈军工思想政治工作实践的研究不难发现，哈军工对思想政治工作的高度重视不仅体现在顶层设计的宏观把握上，还反映在对思想政治工作目标、内容、方法和途径的细节把控中。决策者亲自参与、研究思想政治工作细节的设计，在融合多方意见的基础上，提出思想政治工作重点以强化政治素养、思想素养、道德素养、军事素养为目标；以基本理论教育、理想信念教育、道德品质教育和军人使命教育为内容；以灌输教育法、渗透教育法、层次性教育法、阶段性教育法、典型对比教育法与舆论宣传教育法等为方法；以学校教育、典型家庭教育、野营教育、部队教育、课堂教育和实践教育等多种形式为途径，将顶层设计与思想政治工作的各个环节统一起来。哈军工思想政治工作既符合国家要求和教育需求，又符合学院和学员特点，无论是源头，还是过程，都体现出高端、系统、科学的特点，这与决策者的高度重视是分不开的，正是决策者的亲自参与决策促进了思想政治工作的精准定位。面对当前高等教育的新形势，国家对优秀人才的渴求空前迫切，思想政治工作效果也成为衡量高校人才培养质量的重要标准。思想政治工作若想取得实效，决策者仅仅停留在思想政治工作宏观层面的顶层设计上是远远不够的，还需要进一步思考思想政治工作细节该如何制定、分解和落实，以便于思想政治工作更加有针对性地开展。决策者在细化思想政治工作任务时，应慎之又慎，从大局出发，通盘考虑，将思想政治工作任务分解到人才培养的每个过程、每个环节，将责任与培养要求落实到每个部门、每个人员，同时面向全体教师和学生，采取宣讲答疑、专题辅导形式，促使教师和学生认同。毛泽东曾说：“领导者的责任，归结起来，主要地是出主意、用干部两件事。”① 所谓“出主

① 毛泽东．毛泽东选集：第2卷［M］．2版．北京：人民出版社，1991：527.

意”是一个领导决策的过程，不仅要制定决策、执行决策，还要不断修正完善决策，反映了决策者的主体责任意识。因此，这就需要高等教育的决策者转变观念，充分认清思想政治工作不仅是专职思想政治理论教师和专职政工干部的事，同时也是每位决策者都应该参与的事，而且是决策者的主要职责。强调主体责任，强调高度重视，对高等教育的决策者提出更高的要求，不仅要高度重视学校管理工作，而且要高度重视思想政治工作；不仅要进一步树立使命意识、责任意识与担当意识，还要进一步提升领导能力、学习能力与服务能力。只有高度重视思想政治工作，才会积极主动地去发现问题、研究问题，找出思想政治工作效果不佳的症结所在，对症下药，实施“靶向治疗”。唯有如此，才能在思想政治工作实践中不断完善顶层设计，不断修正思想政治工作目标、内容、方法和途径；唯有如此，才能使思想政治工作由宏观视角向微观视角推进，促进思想政治工作精准定位，更好地为高校人才培养服务。

第三，高度重视是促进思想政治工作取得实效的前提。顶层设计为思想政治工作提供了方向保证，明确了思想政治工作的对象、目标、内容、方法和途径。哈军工的决策者充分认识到，顶层设计并不是思想政治工作的终点，而是思想政治工作的起点，尚需要通过实践加以检验。一方面，决策者高度重视，以身作则，亲自做全体教职员工的思想政治工作，并深入学员中间，使师生员工感受到领导的关怀和温暖；同时成立由学院领导直管的专门思想政治工作机构，主导、监督思想政治工作的落实情况。另一方面，决策者重视思想政治工作信息的反馈，对于师生员工提出的意见和要求，如无特殊情况均能亲自处理，以平易近人的心态细致、耐心地做思想政治工作；重视思想政治工作方法的运用，以充满幽默感的工作方式，打破了学校领导与师生员工的界限，消解了师生员工的紧张情绪和排斥心理，使思想政治工作深入人心，收到了显著的效果。哈军工决策者对待思想政治工作的姿态，对促进思想政治工作实效性的发挥起到了非常重要的作用，为最终实现思想政治工作目标、保证人才培养质量打下了牢固的基础。综观当下高校的思想政治工作，诸多显性和隐性的问题都没有得到有效的解决，严重影响了思想政治工作实效性。通过研究不难发现，提升思想政治工作实效性，应从转变观念的角度入手。一是提高对思想政治工作的认识，切实领会和重视思想政治工作的根本要求，将思想政治工作摆在人才培养工作的显要位置。二是克服官本位作风，解放思想，抛却顽固的等级观念，深入群众中间开展调查研究，降低姿态面对师生员工开展思想政治工作，从而能够准确把握师生员工的思想动态，倾听师生员工内心的呼声，为广大师生员工解决实际的思想、工作和生活问题。三是强化领导能力和学习能力，创新思想政治工作方式方法，面对新出现的思想政治工作矛盾，采取行之有效的措施加以应对，确保思想政治工作运行在正确的轨道上，化解思想政治工作受众的排斥、反感情绪，促进思想政治工作入脑入心。四是思想政治工作不能仅仅停留在说教层面，应该真正地按照思想政治工作顶层设计去理解和落实，保持连贯性和持续性，使思想政治工作不断得以强化，增强后劲。今时今日，思想政治工作依然是高校成功办学的指南针和方向标，对人才培养的顺利进行起着指引方向和保持动力的作用，决定着人才培养目标的定位与调整。面对当前思想政治工作实效性难以提升的问题，哈军工的思想政治工作实践经验提供了破解思路。真正理解思想政治工作内涵，从思想上高度重视并狠抓落实是提升思想政治工作实效性的前提。

综上所述，高校的人才培养是全方位、多角度的系统工程，高校思想政治工作必须形成高度重视这一重要共识，并将其作为思想政治工作的重要原则加以贯彻，优化思想政治工作顶层设计，做好工作任务的分解与落实，促进思想政治工作各项目标精准定位。同时，在狠抓落实上下功夫，以思想政治工作统领人才培养全过程，促进人才培养质量的全面提升。形成了高度重视思想政治工作这一重要共识，也就抓住了提升思想政治工作实效性的关键，有助于更好地发挥思想政治工作的“三大”功能，更好地为人才培养“保驾护航”。

二、高校思想政治工作必须以又红又专为出发点和落脚点

作为军事院校，哈军工提出“以红带专、红专结合”的人才培养思想有其历史必然，在坚持“又红又专”的培养目标下，思想政治工作和人才培养工作均见成效。抛开特殊的历史背景，毋庸置疑，“又红又专”在哈军工思想

政治工作实践中发挥了重要的作用，值得当前高校思想政治工作加以借鉴。“又红又专”的思想既体现了红的重要性，又体现了专的重要性，二者相辅相成，互相促进，红与专是辩证统一的关系。

第一，又红又专是高校思想政治工作应有的价值体现。从“又红又专”思想的形成过程看，早在1939年即已现雏形①，经过发展演变，毛泽东同志于1957年正式提出“又红又专”的思想，要求“我们各行各业的干部都要努力精通技术和业务，使自己成为内行，又红又专”②。哈军工作为军事院校，其思想政治工作坚决贯彻这一思想，提出了“以红带专、红专结合”的人才培养思路。要求各级领导做好表率，以政治思想学习带动自身业务学习，努力成为“又红又专”的楷模，为学员树立榜样；要求学员在大是大非问题上，从国家、民族命运和人民利益出发，保持旗帜鲜明、立场明确，自觉树立正确的世界观、人生观和价值观，同时要重视专业技能学习，认真对待教育教学计划设置的课程，做到专时专用，努力学好。哈军工以“又红又专”思想指引人才培养方向，一方面解决了学员“红”“专”关系处理不当的问题，另一方面促进了学员的政治思想和专业技术的共同进步。时至今日，“又红又专”思想仍然没有过时，对于今天的人才培养，仍具有重要的借鉴价值。清华大学在贯彻中共中央国务院印发的《关于进一步加强和改进大学生思想政治教育的意见》时，从提高思想政治教育的实效性角度，对培养又红又专、全面发展的拔尖创新人才进行了新的探索③。而新的时期，“高等教育肩负着培养德智体美全面发展的社会主义事业建设者和接班人的重大任务，必须坚持正确政治方向”④。由此可见，高校的人才培养仍然要坚持“又红又专”“全面发展”原则，既充分发挥思想政治工作的引导、保证和服务功能，又要注重专业技能的培养，使二者相互促进、协调发展。因此，以“又红又专”为出发点，加强思想政治工作，要从正面引导学生增强对中国特色社会主义

---

① 欧阳雪梅. 毛泽东“又红又专”思想的提出及影响［J］. 毛泽东研究，2015（4）：45－51.

② 中共中央文献研究室. 建国以来重要文献选编：第10册［M］. 北京：中央文献出版社，1994：491.

③ 胡和平. 贯彻中央文件精神 深化实践育人成效 培养又红又专、全面发展的拔尖创新人才［J］. 思想教育研究，2010（6）：8－9.

④ 习近平. 把思想政治工作贯穿教育教学全过程 开创我国高等教育事业发展新局面［N］. 人民日报，2016－12－09（1）.

的理论认同、政治认同、情感认同，使学生首先能够成为一个认同这个社会、这个时代、这个历史的现代公民，进一步增强道路自信、理论自信和制度自信，并能够努力践行社会主义核心价值观。只有首先“成人”才能够专心去掌握某种专门的知识技能、去从事某种专门的职业、去扮演某种特殊的角色，进而“成才”服务于社会主义现代化建设，服务于人民，在社会生活中实现自我价值。所以，“专”是“红”的具体表现形式，“红”必须落实在“专”上。今天高校应继续坚持“又红又专”的原则，将“红”与“专”辩证地统一于人才培养实践中，这才是思想政治工作应有的价值体现，同时也是实现人才培养目标的现实要求。

第二，又红又专是促进思想与专业素质和谐统一的有效方法。哈军工思想政治工作目标强调“红专结合”，其主要出发点是考虑到技术学校在人才培养过程中通常不会忽视技术，而容易忽视政治思想素质的培养，因而应尤其强调“红专结合”。哈军工的“红专结合”即要求学员坚持思想道德和科学知识技能的统一，成为既有共产主义觉悟又有专门知识技能的红色专家、红色工程师。在哈军工，“只红不专”或者“只专不红”都不符合哈军工人才培养的要求，只有做到“红专结合”“又红又专”才是合格的哈军工人。实践证明，哈军工为共和国培养了上百位将军、省部级领导和数十位院士，其办学成就的取得绝不是偶然的，一方面源于哈军工为学员打下的坚实专业基础，另一方面源于哈军工思想政治工作引导、保证功能发挥得到位，保证了学员在人生的工作岗位上，始终坚持正确的政治方向，心系国家和人民，能够为国家和人民的事业甘于寂寞、无私奉献。哈军工的人才培养堪称“又红又专”的典范。在国际、国内环境变得日趋错综复杂的形势下，在统筹推进“五位一体”总体布局和协调推进“四个全面”战略布局，全力推进全面建成小康社会进程，不断把实现“两个一百年”奋斗目标推向前进的关键历史时期，高校的人才培养在注重专业技能传授的同时，应尤其注重学生政治思想上的正面引导，使“红”与“专”达到最佳的平衡状态。董仲舒提出“仁而不智，则爱而不别也；智而不仁，则知而不为也”的观点，意指“专”而不“红”则不具备辨别是非的能力；“红”而不“专”虽能预见事情的发展，却没有能力促使事情向好的方向发展。换而言之，“红”保证了服务国家与社会的正确方向，而“专”则保证了服务国家和社会的必要技能。因此，思想政治素质的高低决定了人才能否真正为社会主义事业服务、为人民服务。如果只注重专业知识的传授，而忽视和弱化了思想政治素质的培养，则可能培养出对社会和人民具有潜在巨大危害的“爆炸品”，甚至彻底背离了国家和人民，走向了国家和人民的对立面。这是不符合社会主义大学办学的宗旨和要求的，这种教育也终将被时代所淘汰。由此可见，高校的人才培养，首先要通过恰当的思想政治工作方式解决如何做人的问题，即教育不是首先使人成为“某种人”，而是“使人作为人而能够成为人”（冯友兰语，中国当代著名哲学家、教育家），从而达到思想素质与专业素质的和谐统一，这才是真实的教育。

综上所述，高校思想政治工作应以“又红又专”为出发点，应着重加强学生思想政治素质的养成，帮助学生树立坚定的理想信念、正确的政治方向，树立正确的世界观，影响其人生观和价值观的形成。并以此为基础不断促进学生对专业知识的学习与掌握，最终促进其思想素质与专业素质的完美统一、和谐发展。这是高校思想政治工作应有的价值体现，同时也是高校思想政治工作的落脚点。

三、高校思想政治工作必须突出问题意识和坚持问题导向

哈军工的思想政治工作，体现了党的思想政治工作的优良传统，即坚持密切联系群众，从群众中来，到群众中去，通过深入调查研究发现问题、分析问题、解决问题，将思想政治工作开展得有声有色，并取得了显著成效。当前高校的思想政治工作仍需秉承和发扬革命传统，增强问题意识，坚持以问题为导向，进一步将高校思想政治工作推向新的高度。

第一，突出问题意识、坚持问题导向是高校思想政治工作的现实需要。哈军工的思想政治工作是自上而下的，学院领导以身作则，深入干部、老教授、学员等不同群体中，开展调查研究，发现思想政治工作中的实际问题，并亲自研究解决。如解决老教授的住宿问题、吃饭问题、办公条件问题、两地分居问题、家属入学问题等；解决干部与教授的关系问题、干部与学员的关系问题、教授与学员的关系问题等；解决学员价值观的认识问题、学员之

间的关系问题、学员的学业问题、干部子弟思想认识问题等，均体现了学院领导强烈的问题意识，善于深入群众开展调查研究，并以问题为导向，分析研究思想政治工作的解决路径。这既提升了学院领导在全体教职工、党员心目中的形象，又使学员乐于接受学院的思想政治教育，提升了思想政治工作实效性。当前，高校肩负着培养中国特色社会主义合格建设者和可靠接班人的伟大使命，而高校的思想政治工作则关系到培养什么人、如何培养人以及为谁培养人的根本问题，新的历史起点为高校的思想政治工作提出了更高的要求。为解决这一根本问题，高校的思想政治工作必须要廓清当前工作的问题是什么，厘清产生问题的根源，探究解决问题的方法和途径，提出建设性的对策和建议，从而开创高校思想政治工作新局面。马克思曾指出："问题就是公开的、无畏的、左右一切个人的时代声音。问题就是时代的口号，是它表现自己精神状态最实际的呼声。"这是说明问题反映了时代的声音，不同时代有不同的声音，都有属于这个时代所特有的问题。这些问题随着经济社会发展逐步显露，需要引起高度的关注并加以解决。毛泽东也指出："什么叫问题？问题就是事物的矛盾，哪里有没有解决的矛盾，哪里就有问题。"① 阐明了问题和矛盾的关系，巧妙地将问题等同于一个个需要解决的矛盾，存在矛盾的地方即说明存在问题，从而使问题更加容易被发现。高校的思想政治工作存在的问题，同样也反映了当前时代的声音。只有树立强烈的问题意识，才能培养善于发现问题的眼界与思维，才能实事求是地透过表面现象认清思想政治工作问题的本质。"增强问题意识，既要见思想，更要见行动。思想变为行动，重要的是把问题意识转化为问题导向。"② 在高校思想政治工作开展的过程中，应坚持以问题为导向，以科学的思维去甄别、分析思想政治工作中存在的问题，找到解决思想政治工作突出矛盾的突破口，有针对性地、建设性地提出相应的解决方案。因此，增强问题意识，坚持问题导向是时代赋予高校的责任，是加强高校思想政治工作，提升思想政治工作实效性的现实需要。

第二，突出问题意识、坚持问题导向是高校思想政治工作的有力抓手。

---

① 毛泽东．毛泽东选集：第3卷［M］．2版．北京：人民出版社，1991：839.

② 刘云山．增强问题意识 坚持问题导向［J］．党建，2014（6）：6－9.

哈军工是新中国历史上第一所集海、陆、空多兵种于一身的综合性高等军事技术院校。创建哈军工没有成熟的经验可供借鉴，陈赓作为一名军事家，作为学院的负责人，也没有创办大学的经历。从遴选干部、教授到招收学员，从校址选择到建设规划，从课程体系设置到学员培养过程，从专业技能培养到意志品质养成等方面均有不同的问题等待解决。陈赓具有强烈的问题意识，并善于将问题意识转化为问题导向，发现并成功解决了一个又一个突出矛盾。在办学规划、校园建设、队伍组建方面是如此，在思想政治工作开展方面亦是如此，陈赓将认识和化解思想政治工作中的矛盾作为打开哈军工思想政治工作局面的突破口，积极面对和化解思想政治工作中遇到的困难，推动了哈军工思想政治工作顺利开展。当前，高校的思想政治工作面临诸多重大问题，这些问题不容回避，需要直接面对。中国社会科学院国家文化安全与意识形态建设研究中心通过调查、走访21个城市的高校师生，对当前高校思想政治工作进行了梳理和剖析，总结出“十化”问题，即西方化、官僚化、骑墙化、贵族化、精英化、门阀化、教条化、形式化、中立化、自娱化等十大现象，其根源主要是高校领导意识形态能力薄弱、西方意识形态渗透加剧、高校内外西化思想干扰、积极弘扬正能量的敢于亮剑者饱受打击，以及高校领导推行“洋八股”绑架中国评价体系。① 这些问题经年累积、长期存在，体现了当前高校意识形态领域斗争的激烈程度。“围绕这些重大课题，我们强调，要有强烈的问题意识，以重大问题为导向，抓住关键问题进一步研究思考，着力推动解决我国发展面临的一系列突出矛盾和问题。”② 面对新形势、新要求，全面加强高校的思想政治工作是摆在我们面前的新任务、新目标，习近平总书记治国理政理念为解决当前思想政治工作的突出矛盾和问题指明了方向，即将突出问题意识、以重大问题为导向当作开创高校思想政治工作新局面、新境界的有力抓手。因此，要正确地认知、面对客观存在的思想政治工作问题，拿出敢于直面矛盾和问题的勇气和责任担当，拿出敢于正视问题、解决问题的魄力和强大自信，做到具体问题具体分析，透过现象发现本质，

① 朱继东．新时期高校思想政治工作存在的问题及其应对：学习习近平在全国高校思想政治工作会议上的重要讲话精神［J］．党政研究，2017（2）：28－39．

② 中共中央文献研究室．十八大以来重要文献选编（上）［M］．北京：中央文献出版社，2014：497．

抓住事关全局的关键重大问题，以理性的态度、科学的方法，使高校的思想政治工作产生质的飞跃，从而谱写高校思想政治工作新篇章。

综上所述，问题总是客观存在的，问题来源于实践。问题的解决从根本上取决于能力和素养，做好高校的思想政治工作需要加强对马克思主义基本理论、毛泽东思想、邓小平理论、“三个代表”重要思想、科学发展观，以及习近平的治国理政思想的深入学习，不断增强问题意识，以问题为导向，在思想政治工作实践中以解决主要矛盾为突破口，从根本上提升高校思想政治工作实效性。

第四节　高校思想政治工作必须坚持突出实效

哈军工的思想政治工作实践不仅阐明了其思想政治工作的方向、理念和重点，同时也从其方法、途径的多个方面阐明了思想政治工作的有效举措。在探讨当前思想政治工作实效性问题时，不应局限于方法、概念的新颖程度，而应将注意力置于方法、途径的实践过程是否能够提供参考或借鉴。由哈军工思想政治工作的实践可见，哈军工采取的加强主渠道、主阵地建设，强调全过程、全方位育人，注重发挥榜样示范作用的方法及途径取得了突出实效，这些方式方法并未过时，对当前高校的思想政治工作仍具借鉴意义，应该进一步强调和坚持。

一、高校思想政治工作必须加强主渠道、主阵地建设

高校思想政治工作离不开主渠道建设和主阵地建设，主渠道建设通过基本理论教育影响着学生的思想认知，是思想政治工作的根本和基础；主阵地建设则通过社会实践活动进行基本理论的延伸和补充。二者具有高度的内在统一性，在思想政治工作体系中，主渠道建设和主阵地建设是密不可分的有机整体，是高校思想政治工作的重要依托。

第一，主渠道、主阵地建设是思想政治工作强基固本的重要途径。人才

培养质量是高校的生命线，通过思想政治教育主渠道、主阵地建设强基固本，实现学生的全面发展，是保障高校生命线的重要前提。哈军工始终坚持实施“强基固本”工程，将规范化、科学化和系统化的思想政治工作作为强基固本的基础，以提升思想政治工作效果为根本，努力实现思想政治工作入脑入心，为全面提升人才培养质量保驾护航。思想政治理论教育是常态化的教育形式，开设马克思主义哲学（包括辩证唯物主义和历史唯物主义两部分内容）、中共党史、政治经济学和政治工作四门主要课程，同时还学习毛泽东思想基本理论，主要是《矛盾论》《实践论》等著作。根据形势和任务的需要，灵活穿插时事和党的路线、方针、政策教育，以及党课、团课、革命传统、革命精神等其他形式的教育。重点打牢学员的理论基础，促使学员树立正确的革命世界观，强化服务人民、献身国防的使命信念，提高分析问题、解决问题的能力，以及认知和改造世界的能力。实习阶段则通过部队实习训练、工厂企业实习、上山下乡、抢险救灾等重点巩固学习阶段的思想政治理论教育成果，夯实思想基础。哈军工通过主渠道、主阵地建设促进思想政治工作强基固本，没有形式主义、官僚主义，强调行动上的具体化、操作化，使得学员政治素养更加坚定、思想素养更加进步、道德素养更加优秀、军事素养更加完备，筑牢了学员思想上的防线，极大地增强了思想政治工作的实效性，为实现思想政治工作目标创造了前提条件。时至今日，高校将人才培养质量作为生命线的初衷并未改变，学校思想政治工作仍然是保证人才培养质量的重要基础与前提。当前，高校学生普遍存在政治信仰迷茫、诚信意识淡薄、道德行为失常、社会责任缺乏、心理状况欠佳、自我认识能力较差等一系列问题，就业压力大与网络经济所带来的价值观冲击更加放大了这些矛盾。究其原因是高校的思想政治工作实效性差，没有真正起到“强基固本”的作用。其主要表现在：领导重视程度不够、理论与实践结合不够、理论课与专业课交叉融合不够、不同学科间相互渗透不够、教师与学生之间互动不够、隐性教育功能发挥不够、辅导员与专业课教师沟通不够、施教群体社会调查不够，等等。因此，在主渠道、主阵地建设时，高校应以实现“强基固本”的功能为出发点，加强顶层设计，克服主渠道与主阵地难以融合、各自为政的状态；积极探索适应社会发展形势的思想政治工作内容，创新思想政治工作方法，将主渠道和主阵地的思想政治工作内容有机融合；建立联动机制，加强理论课教师与专业课教师的互动，加强辅导员与专业理论课教师的互动，加强教师与学生的互动；采取理论课教师与辅导员岗位轮换的方式，促进理论与实践的结合和创新；鼓励学生积极参与思想政治工作实践，在学习与实践中塑造理想信念，树立正确的人生观和价值观，增强自信心和自我认同感，鼓励其自我管理、自我完善、自我服务和自我激励，为其扎实有效地学习专业技能打下牢固的思想基础。主渠道、主阵地建设是发挥思想政治工作“强基固本”功能的平台和途径，是思想政治工作得以有效开展的重要依托。

第二，校园文化阵地建设是高校思想政治工作的重要载体。哈军工以人才培养为核心任务，不仅注重显性思想政治工作，而且注重隐性思想政治工作。校园文化是隐性思想政治工作的重要载体，突出特色，打造浓郁厚重的校园文化氛围，为哈军工提升思想政治工作效果和实现思想政治工作目标创造了有利条件。哈军工的校园文化阵地建设注重特色培育，积极打造校园文化的“硬环境”和“软环境”。富有学校特色、彰显专业特点的教学大楼，高端、先进的实验仪器，海量、丰富的图书资料等，是哈军工打造“硬环境”的主要体现，能够带给师生精神上的震撼，令其自豪感倍增。请视察和参观的国家重要领导人、高级将领为学院题词，并请他们为全院师生员工做报告；院领导亲自为获奖的体育运动员颁奖；领导们带领学员畅游松花江，锻炼体质，磨炼意志；让京剧、话剧进校园，让师生享受高雅艺术的熏陶；广泛开展学术活动，广邀科技界的名家学者，做专题学术报告，打造“三严”（严格、严密、严谨）作风，形成独具特色的优良校风、教风、学风，优化教学环境等，是哈军工打造“软环境”的主要体现。这些举动一方面烘托了学院的人文氛围，另一方面让师生员工感受到领袖们的重视与关心，精神备受鼓舞，报效祖国的信心与日俱增。“硬环境”和“软环境”的精心打造，不但为哈军工思想政治工作创造了适宜的环境，而且为人才培养提供了良好的氛围，促进了人才素质的全面发展。哈军工打造特色鲜明的“硬环境”和“软环境”，是哈军工校园文化阵地建设的重要内容，校园文化的发展实质是哈军工核心价值观的生成、融合、继承与创新的过程。在新的历史时期，校园文化阵地建设依然肩负着塑造学生人格的使命，① 特色鲜明的校园文化作为隐性思想政治工作的载体，与思想政治工作是相辅相成、相互促进的关系，体现了师生的共同理想信念、目标追求和价值取向，能够影响学生的世界观、人生观、价值观。打造独具特色的校园文化，发挥其潜移默化的功能，能够提升思想政治工作的实效性，促进思想政治工作目标的实现。因此，在校园文化阵地建设中，不仅要打造特色校园文化的“软环境”和“硬环境”，还要打造特色校园文化的“虚环境”和“实环境”。通过打造软环境的“魂”“体”“魄”，宣传办学理念与精神、办学风气与成就，挖掘历史文化，推广使用文化标识，教育、感染、熏陶广大师生，增强其对学校发展的荣誉感、认同感和对学校文化的自豪感、崇敬感。通过打造硬环境的“干”与“枝”，以历史文化激发师生的荣誉感和自豪感，展示学校的文化内涵，彰显高校的理想与追求、使命与责任、精神与文化，促使师生自觉追求学校发展的理想和目标，自觉承担服务国家的使命与责任，自觉增强文化强国的信心和决心，全面践行校园文化价值观。同时，着力建设历史文化和特色文化网络平台，用特色网络文化新空间占领特色网络文化新阵地，用特色网络文化的氛围感染广大师生，以打造“虚环境”的“新空间”和“新阵地”。此外，打造“实环境”需要“线”“面”结合，突出学校历史与文化特色，开展诚实守信、文明关爱等教育，使师生接受校园文化洗礼与熏陶，增强其践行校园文化价值观的自觉性和坚定性。

综上所述，主渠道建设和主阵地建设作为高校思想政治工作的重要依托，是常说常新的话题。主渠道建设需要不断更新观念，创新机制体制建设，融入新的教育形式与内容，方能起到“强基固本”的作用；而特色校园文化建设作为主阵地建设的重要内容，将校园文化的“虚环境”和“实环境”作为“软环境”和“硬环境”的有益补充，对高校的思想政治工作有着积极的促进作用，有助于思想政治工作目标和人才培养目标的实现。

---

①　周成贤．高校思想政治教育对校园文化建设的价值导向［D］．长春：吉林大学，2007：21－24.

二、高校思想政治工作必须强调全过程、全方位育人

哈军工思想政治工作经历了初步发展和快速发展阶段后，形成了从上到下高度重视思想政治工作的良好氛围，并体现出全过程、全方位的特点，通过全员参与，使思想政治工作在空间上得以拓展，一方面在实践中检验了思想政治工作目标、内容和方法，另一方面延伸了思想政治工作路径。哈军工形式多样的思想政治工作途径，极大地提升了思想政治工作实效性，从而也反映出全过程、全方位育人是实现思想政治工作目标的客观要求，全员参与是形成思想政治工作合力的基础保障，全过程、全方位育人是促进知行统一的现实途径。

第一，全过程、全方位育人是实现思想政治工作目标的客观要求。哈军工始终将思想政治工作视为系统工程，倡导全过程、全方位育人。从入学到毕业、从学期开始到学期结束、从课上到课下、从校内到校外等均开展了卓有成效的思想政治工作，实实在在做到了点面结合，促进了思想政治工作目标的实现。同时，哈军工还将思想政治工作作为人才培养的一条主线，引领其全过程，从教育目标的定位、培养方案的制定、教育内容的设置，到教学方法的运用、教育途径的实现等，每个环节都体现出思想政治工作的引导、保证和服务功能，为开展思想政治工作提供了良好的氛围，为实现思想政治工作目标和人才培养目标提供了现实的保障。研究表明，哈军工思想政治工作的巨大成功，反映了全过程、全方位育人是实现思想政治工作目标的客观性要求。这与习近平总书记强调的“把思想政治工作贯穿教育教学全过程，实现全过程育人、全方位育人”是一致的，符合思想政治工作的客观规律。因此，当前高校应将思想政治工作作为人才培养的主线之一，坚持思想政治素质主导人才各项素质，并以此来指引全过程育人、全方位育人，促进人才培养目标的实现。一是从思想政治工作方法上加以改进，解决思想政治工作单条腿走路的问题。高校教师应改变单一讲解思想政治理论课或单纯传授专业课程的思维，做到思想政治理论与专业课程体系的深度融合，教导学生学会运用辩证唯物主义的观点去发现问题、研究问题和解决问题，使思想政治工作找到发力点和落脚点。这也对讲授教师提出更高的要求，其既要深入地

把握思想政治理论课的脉络，又要熟练地掌握专业课程的有关知识。只有找到思想政治理论课与专业课程讲授的交集，找准相互贯通的切入点，才能更加快速有效地培养人才。二是从思想政治工作覆盖范围上加以调整，解决思想政治工作不连贯的问题。在当前“重就业率”的大背景下，众多高校追求就业率和考研率，改变了已有的教学体制，将原本四年的学制调整为三年，使得原本应该使学生接受正常教育的第四年变成了“自由式”“散养式”培养，寻找工作和考研复习取代了专业课程的学习，更谈不上有效的思想政治教育了。因此，高校的全过程、全方位育人，应充分利用毕业设计和寻找工作这一时间段，发挥思想政治工作的主导功能，着重解决学生道德素质认知与行动不统一、人文素质与专业技能不同步等问题，促进学生思想政治理论与专业技能的双提高，使学生的专业技能、独立工作能力和创新能力得到应有的训练。三是建立分阶段的思想政治考评体系，解决思想政治工作不作为的问题。不同年级的学生其思想动态差异化明显，尽管各个高校针对不同时间段有不同的思想政治工作培养实施方案，但相应的考评机制不够健全完善，不能充分把握学生的思想状况。以往的思想政治考评多为毕业前期的思想品德（德育）答辩，且走形式、走过场成分居多，没有真正将答辩环节落到实处，学生能否毕业变得与思想政治素质关乎甚微，原本作为人才首要素质的重要环节被弱化甚至出现了纰漏。因此，高校仍需进一步强化全过程、全方位育人的思想政治工作理念，将思想政治工作放在人才培养的首要位置，切实加强其主导地位，这是实现高校思想政治工作目标的客观性要求，是保证中国特色社会主义教育兴旺发达、中国特色社会主义事业后继有人的根本举措，同时也是提升高校思想政治工作实效性的必然途径。

第二，全员参与是形成思想政治工作合力的基础保障。全员参与是哈军工思想政治工作的又一亮点，同时也是哈军工 13 年主体办学历程中长期坚持不懈的思想政治工作原则。哈军工坚定贯彻执行党和国家的方针路线，倡导全员参与思想政治工作，制定了系统、完备的思想政治工作体系。一方面，组织成立专门机构统领全院思想政治工作，确保工作目标和责任目标明确；另一方面，要求思想政治工作人人做，领导、教师及各行各业的工作人员都要参与其中。可见，哈军工倡导的全员参与思想政治工作，是将全体师生员工捆绑成一个整体，既能够充分调动师生员工思想政治工作的热情，又有利于提升全员的思想政治觉悟，形成良好的思想政治工作合力育人的氛围。这为哈军工在人才培养过程中顺利开展思想政治工作提供了必要条件，实现了思想政治工作效果和人才培养质量的双赢。从哈军工全员参与思想政治工作的实效性看，全员育人与全过程、全方位育人相结合，构成了立体化的“三全”育人环境，成为实现全过程、全方位人才培养的重要基础。大学生身处高校这个环境，在求学期间不仅需要完成学业，同时还要在校园内外生活，开展社会实践，所接触的群体也必然不囿于专业课教师、辅导员、班主任等。事实上，高校的学生已经步入了社会，他们的思想政治状态也会随着社会的变化而变化。高校要根据社会形势，不断调整思想政治工作理念，针对学生群体开展思想政治工作，在依靠专职教师和专职辅导员、班主任的同时，还要做到从上到下、点面结合，形成全员育人的合力，影响和改变学生的思想政治状况。思想政治工作还应做到两个“全覆盖”，即参与思想政治工作的部门应做到全覆盖，高校职能部门（处、室）、各级各类学院（系）、教研室、实验室、各级各类研究所（中心）、学生管理部门、后勤管理（学校医院、食堂）及其他教辅单位等都应参与其中；参与思想政治工作的人员应做到全覆盖，校级领导干部、机关工作人员、各级各类教师、专职政工干部、教辅单位及后勤（医院、食堂）等有关工作人员都应参与其中。此外，高校还要不断加强全员育人的体制机制建设，明确职责分工和工作任务，建立考核评估评价体系，提升全员育人的规范化水平。总之，全员参与的思想政治工作易于形成齐抓共管的良好格局，能够促进思想政治工作取得实际效果，为促进人才培养质量的可持续发展提供坚实的保障。因此，全员参与既是当前高校开展思想政治工作的一条重要途径，又是形成思想政治工作合力的基础性保障。

第三，全过程、全方位育人是促进知行统一的现实途径。哈军工在开展思想政治工作“三全”育人时，不仅重视学员学什么、怎么学的问题，而且更加重视做什么、怎么做的问题，即将促进学生知行统一作为思想政治工作有效性的标准。为解决这一问题，哈军工采取多种方式锤炼学员的思想政治品质，如短期部队参观与训练，使学员感受部队的生活、学习军人的意志品质；暑假野营，强化学员组织纪律，培养其军人情怀；校外部队思想政治教育，加强学员的组织性和纪律性，使其从思想上对党、对祖国高度忠诚；生产劳动与实践，培养学员积极热情的劳动态度，激发其热爱劳动人民的优秀品德；工厂、农村参观学习，使学员接受艰苦生活锻炼，培养其“全心全意为人民服务”的思想等。活动促进了学员进一步认知所学，学到了书本上难以学到的内容，既开阔了视野，验证了所学，又锻炼了意志体魄，全面促进了认知和行动的统一，为全面提高学员素质打下了良好的基础。全过程、全方位育人的思想政治工作，促进了学员的“知行统一”，是哈军工学员得以成人成才的重要举措。促进学生的思想道德认识并转化为相应的行动和习惯，是思想政治教育的基本问题，同时也是思想政治教育最为困难的环节。[①] 高校学生思想认识转化是一个长期反复的过程，大体要经历认同、信奉和践行三个阶段，这三个阶段环环相扣、逐层递进，认同是基础、信奉是关键、践行是目的。[②③] 当前，思想政治教育目标在学术界尚未形成一致的观点，有学者从社会价值和个体价值取向上着眼，将“认同”纳入思想政治教育的目标范畴[④]。然而，当前学生群体中“知而不行、知行不一”的普遍现象表明，单一地实现“认同”并不能解决思想政治工作的实效性问题。因此，高校应以促进学生“知行统一”为出发点，全面综合考虑高校学生思想转化的各个阶段，在实施全员、全过程、全方位育人时，不仅在认同阶段全过程、全方位地融入思想政治工作，还应在信奉阶段和践行阶段一并融入思想政治工作。只有将多种形式的思想政治工作融入“三全”育人的各个阶段，才能发挥思想政治工作的渗透和强化作用，有效地促进学生思想认识的转化，帮助其树立正确的政治方向，端正学习态度，明确学习目的，使思想政治工作为智育、体育、美育的全面发展提供强大的精神动力，改造学生的世界观、人生观和价值观，促进其“知行统一”。否则，也就意味着促进学生“知行统一”只

---

① 王敏．思想政治教育接受论［M］．武汉：湖北人民出版社，2002：350.

② 张晓兵．试析大学生思想政治教育知行转化中的意志问题［J］．学校党建与思想教育，2010（25）：66－68.

③ 王平，李岩．重视知行转化是加强和改进高校马克思主义理论教育的关键环节［J］．思想理论教育导刊，2003（12）：63－64.

④ 吴艳华．三重认同：思想政治教育的目标［J］．思想教育研究，2005（11）：8－11.

能是“纸上谈兵”。

综上所述，全过程、全方位育人是高校开展思想政治工作的必然途径，也是实现思想政治工作目标的客观要求，全员参与有助于形成良好的思想政治工作氛围和思想政治工作合力。全员参与、全过程、全方位三者构成了三维立体的思想政治工作格局，可以有效地保证思想政治工作在人才培养全过程进行方向指引，促使其内化于心、外化于行，真正促进“知行统一”。

三、高校思想政治工作必须注重发挥榜样示范作用

榜样示范法是我们党开展思想政治工作的常用方法，哈军工灵活运用此方法，对其思想政治工作实践起到了促进作用。研究哈军工的榜样示范法，是为了更新认识，给当前高校思想政治工作引入新的思路与方法，提升榜样示范的效果，促进思想政治工作实效性的发挥。新时期，榜样示范法在高校思想政治工作中仍然发挥着重要的作用。具体体现在典型示范是夯实大学生思想政治素质的重要方法、教师示范是提升大学生思想政治素质的重要因素。

第一，典型示范是夯实大学生思想政治素质的重要方法。哈军工将典型示范法作为常态化的思想政治工作方法，该方法不拘泥于选取典型的个性、数量、领域、形式等，而是注重选取典型的多元化并全面结合运用，既避免了典型教育的单一化，又弥补了典型教育的枯燥化。形象、生动、多元化的典型特征，对于提升思想政治工作实效性起到了极大的促进作用。哈军工惯用典型对比教育法，寻找典型人物或事物进行对比教育，引导学员分析典型事物或现象。树立典型时，不仅在校园中、师生中选取，还提倡树社会典型、家庭典型，以作为学校典型教育的有益补充。哈军工思想政治工作中不仅树正面典型，而且树反面典型，以促进学员学习或吸取教训，达到提高思想认识、提升道德修养的目的。树立正面的、积极的典型个人或群体，可实现对师生的思想促进，改善师德、师风、教风、学风，提高思想政治教育主动性和认同感；树立反面典型，可与正面典型形成强烈而鲜明的对比，有利于纠正学员在世界观、人生观和价值观上的偏差，促进其“三观统一”。哈军工结合正反典型，并以社会典型和家庭典型的示范性进行推动，产生了强烈的聚合效应，放大了思想政治工作的实际效果。多种典型的全面结合运用成为夯

实学员思想政治素质的重要途径，促进了学员知行上的统一，是全面提升人才素质的有效措施。哈军工的典型示范教育，避免了固定地、孤立地使用单一典型，有效克服了思想政治工作模式化和单一化的问题。在当前形势下，典型示范法仍不失为思想政治工作的重要方法，但依然存在机制陈旧化、工作教条化、形象完美化等问题，导致典型认同度较低，榜样的力量不强，难以在学生群体中产生心灵上的共鸣；宣传方式多采用宣讲、报告、座谈、登报等，过于程式化；培育形式脱离学生实际，造成主观能动性难以激发，难以促进学生群体的知行转化；缺少日常规划，不能做到随时发现典型，随时宣传典型；不愿意正视思想政治工作存在的问题，千篇一律地树立正面典型，鲜见反面典型，且反面典型都是其他高校或家庭、社会现象等。因此，在借鉴哈军工“典型示范”经验的同时，还需进一步完善培育典型的体制机制规划，避免为教育而教育、为学习而学习，积极引导学生从日常点滴做起。学生群体中树立的正面典型，应能够体现社会发展的时代要求，符合高校自身的发展定位，展现学生全面发展的精神面貌，更要有利于提升思想政治工作的实效性。典型的树立要避免清一色的高大上，应重点围绕学生关心的焦点、热点问题进行培育，切不可偏离学生面临的实际；宣传上要引入学生喜闻乐见的方式，如话剧、小品、视频影像、海报、展览等形式，采用互联网、微媒体、慕课等手段，便于学生群体学习、领悟、效仿，促进知行转化；对树立的先进典型实行动态管理，打破“典型终身制”，强调典型的真实性，增强典型的认同感。同时，直面思想政治工作的突出问题和矛盾，引入与正面典型相对应的反面典型，促进学生的行为意识向好的方向转变。总之，典型的培育与树立，应坚持宁缺毋滥的原则，一切以夯实学生群体的思想政治素质为出发点，切实为思想政治工作本身服务。

第二，教师示范是提升大学生思想政治素质的重要因素。哈军工教师群体作为施教群体，其思想政治状况直接影响学员思想政治素质的提升。同时教师群体作为受教群体也要接受学院安排的思想政治教育，以提升思想政治认知水平，并作用于人才培养实践。为保证“教师示范”效能的充分发挥，学院领导率先垂范，坚持带领学员进行清晨的军事化锻炼；演习场上亲自为学员做技术要领演示；每逢革命节日，老干部们讲授革命传统；政治部每个学期与学员一起学习战斗英雄、劳动模范的工作报告，缅怀先烈。教师还与学员一起参与工农结合的社会实践，他们带头遵守纪律，服从分配，不摆知识分子架子，甘做群众的小学生，全心全意为人民服务；生活中互相关心，工作中互相监督，随时开展批评与自我批评。专科干部们深入学员群体，与他们同吃、同住、同学习，关心、爱护学员，既做思想政治工作，又做服务工作。此外，哈军工的教师学识渊博、思想丰富、自身素养高，其成熟的思想和优良的教风本身就是学员最好的教科书。可见，哈军工“教师示范”的作用发挥得淋漓尽致，言传身教中影响了学员世界观的形成，使学员从内心深处乐于接受思想政治教育并转化为内生动力，促进了知行统一，极大地提升了思想政治素质。由哈军工思想政治工作实践可以看出，教师示范是提升学生思想政治素质的重要因素。学生是高校思想政治工作的主要对象，其综合素质的高低与教师思想政治素质的高低具有直接关系。“立德树人”阐明了我国高校“育人”这一根本任务，高校教师的育人使命决定了其不仅是专业技能的教授者，同时也是世界观、人生观、价值观的传播者。陶行知指出：“学高为师，身正为范”，作为一名高校教师，不仅要有扎实的理论功底，更重要的是，还应具有良好的思想政治素质，不仅要规范自己的行为，还要教育学生；不仅要用自己的学识育人，还要以自己的德行育人；不仅要用语言传授知识，还要用灵魂去塑造学生的灵魂。“善之本在教，教之本在师”，教师不仅仅传授科学文化知识，还应该做学生的领路人。学生作为受教育的群体，其本身具有“向师性”的特点，愿意去崇拜教师、相信教师，愿意去模仿、去学习，教师的一言一行对其成长、成才均起到潜移默化的影响。为充分利用学生“向师性”的特点，突出教师思想政治素质的“示范性”，应将提升教师思想政治素质作为高校思想政治工作的一项重要任务抓紧、抓好。思想政治工作是直接触及人的灵魂的教育，教师外在显化的思想政治状态直接影响着学生的认知和判断，如果教师自身具备高尚的道德修养和人格魅力，会使学生乐于接受其思想政治工作的核心思想，增强其对思想政治工作的认同感，进而使教师思想政治素质的示范性得以有效发挥，并在学生群体中产生“跟随”效应。因此，高校教师的职业素养和品德标准成为育人的关键，在一定程度上讲，其思想政治状态决定了学生的价值取向和德行标准，决定了高校的思想政治工作水平，也决定了高效思想政治工作能否从根本上取得实效。①

总之，哈军工思想政治工作实践中榜样示范的运用是值得借鉴的，典型选取的多元化，尤其是学员中间反面典型的运用起到非常好的效果，家庭典型和社会典型示范性的补充强化，更是放大了思想政治工作的功能。榜样示范未必通过树立典型来实现，哈军工通过强化教师群体的师德、师风建设，以教师群体外在显化的思想政治状态为学生进行示范，增强了学生的认同感，其产生的“跟随”效应不可小觑，值得当前高校思想政治工作参与者深思和反省。

① 熊晓梅．坚持立德树人理念 推进教师思想政治教育工作［J］．中国高等教育，2013（23）：38－39，42．

结　　论

如何更好地提高高校思想政治工作实效性，是当前高校思想政治工作研究的重要议题。本书立足于当前高校思想政治工作现状，以哈军工思想政治工作为研究对象，挖掘其背景、历程、实践、特色等相关问题，探寻其现实启示，以期对当前高校思想政治工作和人才培养工作提供积极的、有益的借鉴。通过对哈军工思想政治工作的系统梳理与分析，结合当前高校思想政治工作所面临的问题与困境，得出如下结论。

第一，哈军工创办于特殊的历史时期，其思想政治工作是党的思想政治工作在哈军工的具体实践。通过追溯和梳理哈军工思想政治工作的理论基础与历史背景，分析得出：马克思、恩格斯的思想政治工作理论，毛泽东的思想政治工作理论及党和国家的思想政治工作方针政策为其提供了理论支撑；国内、国际两大复杂而又特殊的形势对其工作的诸多方面有着重要的影响。这一研究结果是了解哈军工思想政治工作的前提和基础。

第二，哈军工思想政治工作可分为初步发展、快速发展和砥砺前行三个阶段，重点从其对象、目标、内容、方法和途径几个方面考察其思想政治工作实践。并提出了哈军工思想政治工作方法的“三个统一”，即坚持灌输教育与渗透教育相统一、层次性教育与阶段性教育相统一、典型对比教育与舆论宣传教育相统一；提出了思想政治工作途径的“三个结合”，即注重学校教育与典型家庭教育相结合、野营教育与部队教育相结合、课堂教育与实践教育相结合。为当前高校思想政治工作方法和途径的创新与拓展提供了启示与借鉴。

第三，凝练归纳了哈军工思想政治工作实践中所形成的思想政治工作特色。在思想政治工作内容上注重德智体军全面融合；在思想政治工作方法上强调有的放矢、严格养成；在思想政治工作途径上强调四位一体、协同育人。其以德为本、全面融合、红专结合等理念与时下倡导的立德树人、全面发展、又红又专等理念高度一致，为进一步探讨哈军工思想政治工作的现实启示提供了重要的支点与实践基础。

第四，哈军工思想政治工作实践展现出的启示，为提高当前高校思想政治工作实效性提供了可借鉴的思路和做法，需要继续坚持和发扬，并重点加以落实。其一，高校思想政治工作必须坚持正确方向，即坚持“党的正确领导”——把控工作全局，“加强理想信念教育”——突出内容重点，“抢占意识形态高地”——牢牢把握高校意识形态的领导权和话语权；其二，高校思想政治工作必须坚持科学理念，“立德树人”要坚持“立德施教”“德育为先”，“以人为本”是提升实效性的关键，也是实现成人、成才目标的核心诉求，在创新思想政治工作方法时要严格遵循，“全面发展”要求发挥德育对智育、体育的促进作用，融合美育的补充作用，促进人才素质的全面升华；其三，高校思想政治工作必须明确目标重点，形成高度共识并引起高度重视，以“又红又专”为出发点和落脚点促进人的全面发展，突出“问题意识”、坚持“问题导向”，增强思想政治工作针对性；其四，高校思想政治工作必须坚持突出实效，“主渠道、主阵地建设”是根本依托，“全过程、全方位育人”是必然途径，“发挥榜样示范作用”是重要方法。这一研究结果将会对指导高校思想政治工作实践起到积极的促进作用。

当今社会，随着形势的不断发展，高校思想政治工作面临诸多新问题。“明者因时而变，知者随事而制”，高校思想政治工作需要在传承中不断创新。哈军工作为历史名校，办学期间取得了人才培养的巨大成功，其思想政治工作功不可没，并引领了高校思想政治工作实践的发展。不同的时代背景决定了哈军工思想政治工作在每一个时代都具有挖掘出新价值的潜力。本书立足当下，并结合当前思想政治工作状况，但其中的论述却并非哈军工思想政治工作研究的最终结果，而只是起到了抛砖引玉的作用。由于自身学术基础和学术能力的局限，本人对相关问题的研究可能尚显粗浅，很多观点可能尚不成熟，真诚期待日后能够在各位师长和学界同人的支持、帮助下继续深入研究。

参考文献

[1] 马克思,恩格斯. 马克思恩格斯全集:第1卷[M]. 中共中央马克思恩格斯列宁斯大林著作编译局,译. 北京:人民出版社,1979.

[2] 马克思,恩格斯. 马克思恩格斯全集:第23卷[M]. 中共中央马克思恩格斯列宁斯大林著作编译局,译. 北京:人民出版社,1979.

[3] 马克思,恩格斯. 马克思恩格斯全集:第40卷[M]. 中共中央马克思恩格斯列宁斯大林著作编译局,译. 北京:人民出版社,1979.

[4] 马克思,恩格斯. 马克思恩格斯全集:第42卷[M]. 中共中央马克思恩格斯列宁斯大林著作编译局,译. 北京:人民出版社,1979.

[5] 马克思,恩格斯. 马克思恩格斯全集:第47卷[M]. 中共中央马克思恩格斯列宁斯大林著作编译局,译. 北京:人民出版社,1979.

[6] 毛译东. 毛泽东著作选读:上册[M]. 北京:人民出版社,1986.

[7] 毛泽东. 毛泽东著作选读:下册[M]. 北京:人民出版社,1986.

[8] 毛泽东. 毛泽东选集:第1卷[M]. 2版. 北京:人民出版社,1991.

[9] 毛泽东. 毛泽东选集:第2卷[M]. 2版. 北京:人民出版社,1991.

[10] 毛泽东. 毛泽东选集:第3卷[M]. 2版. 北京:人民出版社,1991.

[11] 毛泽东. 毛泽东选集:第4卷[M]. 2版. 北京:人民出版社,1991.

[12] 毛泽东. 建国以来毛泽东文稿:第7册[M]. 北京:中央文献出版社,1998.

[13] 毛泽东. 建国以来毛泽东文稿:第12册[M]. 北京:中央文献出版社,1998.

[14] 毛泽东. 建国以来毛泽东文稿:第13册[M]. 北京:中央文献出版社,1998.

[15] 任学文. 永远的"哈军工"[M]. 长沙:国防科技大学出版社,2003.

[16] 苏振芳. 当代国外思想政治教育比较[M]. 北京:社会科学文献出版社,2009.

[17] 滕叙兖. 陈赓大将与哈军工[M]. 北京:当代中国出版社,2013.

[18] 滕叙兖. 开国元勋的子女们:哈军工高干子女传记[M]. 广州:广东人民出

版社,2010.

[19] 滕叙兖.哈军工传:上、下卷[M].长沙:湖南科学技术出版社,2006.

[20] 王永友.哈军工文化研究:兼论哈军工思想政治教育[M].北京:中国社会科学出版社,2017.

[21] 张蔚萍.中国共产党思想政治工作发展史[M].北京:中共党史出版社,2004.

[22] 中共中央党校毛泽东思想研究室编选组.思想政治工作文献选编[M]北京:中共中央党校出版社,1989.

[23] 戴焰军.增强思想政治工作实效性的对策研究[M].北京:中国民主法制出版社,2008.

[24] 教育部社会科学研究与思想政治工作司.中国共产党思想政治工作史论[M].北京:高等教育出版社,2003.

[25] 薛玉琴.中国特色社会主义思想政治工作理论体系研究[M].北京:人民出版社,2015.

[26] 丁妙珍.中国共产党思想政治工作的发展历程及启示[J].思想理论教育导刊,2012(2):83-88.

[27] “哈军工”优良传统研究课题组.“哈军工”优良传统研究[J].高等教育研究学报,2011,34(1):8-11.

[28] 何立波,曹雪立.“哈军工”高等教育办学模式成功经验探析[J].长春理工大学学报,2012,7(9):7-8,28.

[29] 靳诺.高校思想政治工作根本任务的科学概括[J].思想理论教育导刊,2017(1):9-13.

[30] 孔诤,高跃群.“哈军工”的办学治校特色及经验[J].军事历史,2013(2):28-32.

[31] 李辉,陈静.论高校思想政治工作的中心环节[J].思想教育研究,2017(2):8-11.

[32] 刘献君.“哈军工”办学战略思想探析[J].高等教育研究,2007(2):61-67.

[33] 米立根.陈赓院长与“哈军工精神”:纪念陈赓诞辰100周年及哈军工

创建50周年［J］. 军事历史研究，2003（4）：68－72.

［34］欧阳恩良. 新中国成立初期党的思想政治工作及其历史启示［J］. 马克思主义研究，2010（3）：136－144.

［35］彭庆红. 论高校学生思想政治工作队伍的组织价值与性质［J］. 思想教育研究，2011（8）：16－20.

［36］沈壮海，刘玉标. 六十年来中国共产党关于思想政治工作地位与作用的理论发展［J］. 思想教育研究，2009（10）：15－19.

［37］王珩. 智库建设：高校思想政治工作创新的有效路径［J］. 思想理论教育导刊，2016（3）：150－153.

［38］王永友. 哈军工思想政治教育价值探究［J］. 长江师范学院学报，2017，33（1）：102－106.

［39］魏潾. 哈军工的学生思想政治教育研究［J］. 思想政治教育研究，2014，30（4）：82－86.

［40］谢璐妍，窦隽勇. 论"哈军工精神"的基本内涵及其现实意义［J］. 黑龙江高教研究，2015（5）：114－117.

［41］杨威，陈晨. 哈军工办学理念及其对当代高校办学的借鉴意义［J］. 黑龙江高教研究，2014（9）：93－96.

［42］朱飞. 高校思想政治工作须注重方法创新：以价值观教育为视角［J］. 思想教育研究，2016（7）：101－103，107.

［43］朱继东. 新时期高校思想政治工作存在的问题及其应对：学习习近平在全国高校思想政治工作会议上的重要讲话精神［J］. 党政研究，2017（2）：28－39.